호두네 정원

호두네 정원

함께 가꾸는 사계절 텃밭 정원 이야기

이보림 글 | 레지나 그림

한겨레아이들

차례

등장인물 소개 6

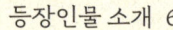 이른 봄, 작은 밭을 일구기 시작했어요 9
　나만의 텃밭 상자 만들기 15
　제때 심어야 맛있죠 16

🌼 들꽃과 나물이 쑥쑥 자라요 19
　나물을 먹으면 기운이 나요 26
　싹 틔우기와 옮겨 심기 29

🌿 장마는 우울해 31
　장마철 정원 관리 대작전 35
　어떤 나무를 심을까? 38

🌿 허브와 함께 건강한 여름 나기 43
고소하고 향기로운 바질 페스토 만들기 45
허브는 쓸모가 많아요 46

🥕 신선한 열매를 먹고 또 먹고 53
입맛을 돋우는 냉파스타 만들기 59

🌰 도토리 사냥꾼 오토 61
이파리만 봐도 알 수 있어요 66
찰랑찰랑 쫀득한 도토리묵 만들기 71

🌱 정원도 겨울잠을 자야 해 73
나무들을 위한 월동 준비 77
새콤달콤한 사과잼 만들기 81

🌿 함박눈이 펑펑 내려요 83
크리스마스 리스 만들기 87

지은이의 말 94

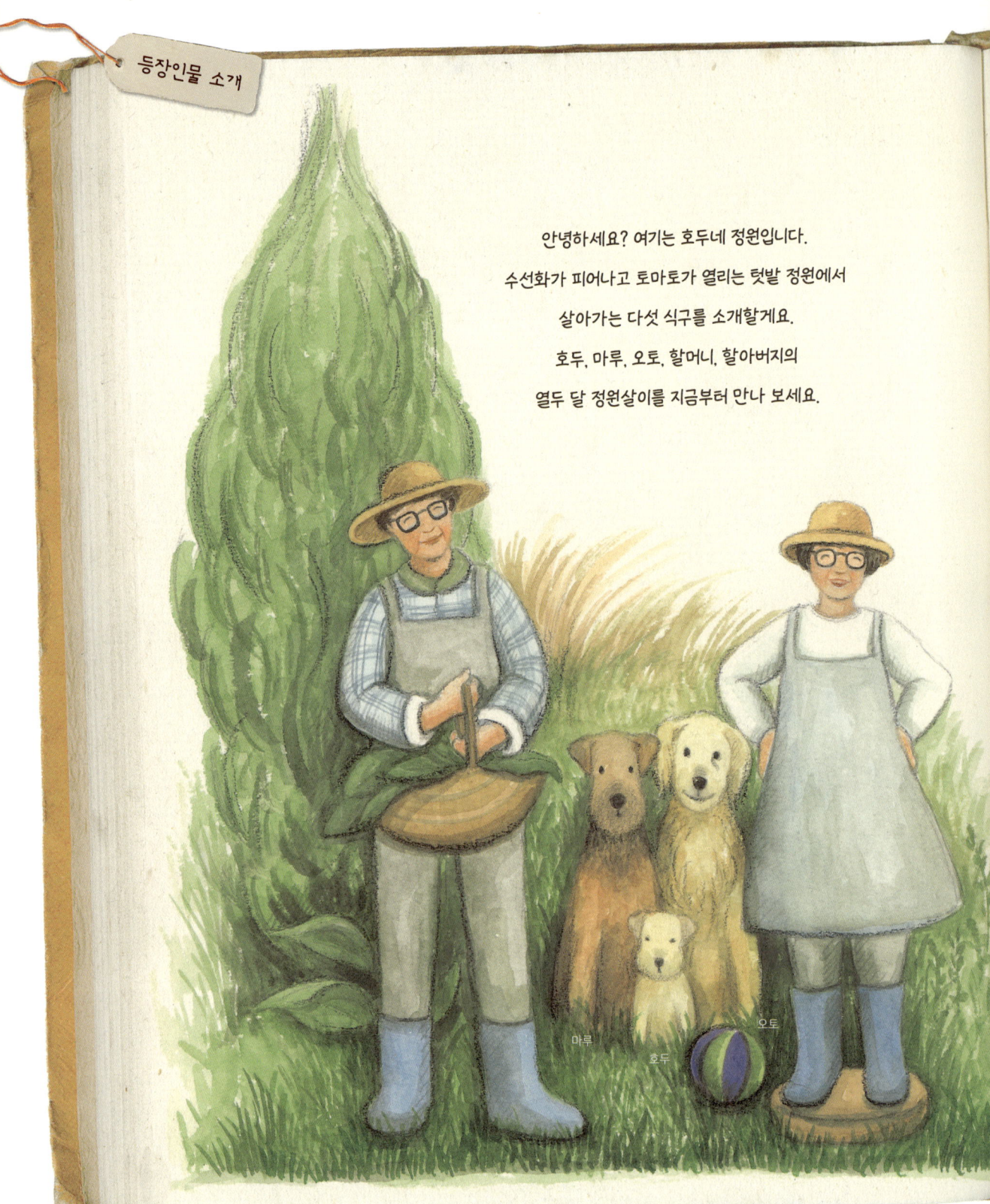

호두
강아지들의 맏언니. 마음먹은 것은 꼭 해야만 하는
개구쟁이. 정원 뜀박질과 축구가 취미이자 특기.

마루
늠름하고 멋진 모습과 안 어울리는 겁쟁이. 아는 것이 많아 겁도 많다.
어디든 호두 뒤만 졸졸 쫓아다닌다.

오토
덩치는 가장 크지만 셋 중 막내. 느긋한 평화주의자.
눈을 가늘게 뜨고 풀숲을 느릿느릿 산책하는 것을 즐긴다.

할머니
요리를 좋아하고 정원을 바라보면서 늘 새로운 것을 구상하는
통통한 할머니. 급한 성격에 할아버지와 종종 투닥거리지만
따뜻한 마음씨를 가지고 있다.

할아버지
정원을 연구하고 공부하기 좋아하는 꺽다리 할아버지.
차분한 성격으로 항상 계획성 있게 행동하지만 할머니와 엮였다
하면 일이 생각처럼 흘러가지 않는다.

　복잡한 서울 도심에서 조금 떨어진 곳에 삼부골이라는 작은 마을이 있습니다. 삼부골 언저리의 야트막한 언덕을 오르면 아름드리나무 숲을 만나게 돼요. 숲 입구에는 회갈색 지붕의 집 한 채가 자리하고 있지요. 할머니와 할아버지 단둘이 살아가는 아담한 집이랍니다.

　삐걱거리는 쇠빗장문을 살며시 열면 왼쪽에는 무성한 상수리나무들이 줄지어 있어요. 좀 더 안으로 걸음을 옮기면 마침내 할머니 할아버지의 자랑거리인 너른 정원이 펼쳐져 있답니다. 기다란 경계를 만드는 가이즈카향나무 안쪽의 작은 풀밭에는 뾰족뾰족 연필을 깎아 놓은 듯한 모습의 연필향나무, 늘 푸른 자태를 뽐내는 에메랄드그린이 우뚝 서 있고, 그 아래에는 크고 작은 풀들이 옹기종기 모여 있지요.

　노란 수선화와 보랏빛 크로커스 꽃봉오리들도 여기저기 올라오는 중이에요. 작고 수줍은 꽃들이 피어나는 정원 한가운데까지 걷다 보면 풀밭 사이를 뛰노는 강아지 호두, 마루, 오토를 만날 수 있어요. 탐험을 좋아하는 용감한 호두, 영리하지만 겁이 많은 마루, 느긋한 애교쟁이 오토는 할머니, 할아버지의 소중한 보물들이지요.

가이즈카향나무

동네 사람들은 이 부부를 호두 할머니, 호두 할아버지라고 불러요. 아담한 키에 소시지처럼 통통한 몸매를 가진 호기심 많은 할머니, 그리고 키가 장대같이 큰 곱슬머리 할아버지는 이곳에서 35년, 짧지 않은 세월을 아웅다웅 잘 살아왔답니다.

이른 봄 어느 날 오후, 꽃무늬 찻잔에 든 따뜻한 홍차를 홀짝 들이키던 할머니가 결심한 듯 말을 꺼냈습니다.

"작은 밭을 만들어야겠어요. 올해는 꼭 만들고 말 테야."

고개를 떨구고 있던 할아버지는 얕은 잠을 퍼뜩 깨고 말았습니다. 할머니의 안락의자 옆에서 꾸벅꾸벅 졸던 강아지 세 마리도 덩달아 깜짝 놀랐습니다.

"뭐라고? 우리 정원에 뭔가를 또 심자는 말인가요?"

할머니는 의기양양한 모습으로 두 볼을 발갛게 붉힙니다.

"내 손으로 기른 채소들을 먹어야겠어요. 무침이랑 샐러드랑 조림이랑, 내가 채소 요리를 기가 막히게 한다는 거 당신도 알죠?"

"잘 알고는 있지요. 하지만 갑자기 뭔 바람이 불어서."

"이미 지난겨울부터 생각하고 있었는걸요. 창고 옆 퇴비 포대 쌓아 두는 곳을 정리하면 우리 두 사람 먹고도 남을 모종을 심을 수 있겠어요. 당장 시작하자고요!"

"맙소사!"

할아버지는 한 손으로 널따란 이마를 짚으며 미간을 살짝 찡그립니다. 기운 넘치는 할머니를 절대

크로커스, 수선화

이길 수 없다는 걸 잘 알고 있었어요. 언제나 일을 벌이는 것은 아내고, 뒷수습을 하는 것은 자신이었지요. 하지만 솔직히 말하면 할아버지도 정원에 변화가 생긴다는 사실에 살짝 두근거렸어요.

할머니는 어느 틈에 커다란 종이에 색연필로 쓱싹쓱싹 텃밭을 그리는 중입니다.

"좋아! 역시 위치는 창고 옆이 좋겠어. 햇빛도 잘 들고, 집에서도 가깝고 말이야."

사실 할머니의 그림 솜씨는 형편없어서 다른 사람은 잘 알아보지 못하고 포기하기 일쑤랍니다. 단 한 사람, 할아버지만 고개를 끄덕이며 열심히 이해하려고 노력하죠.

"각목으로 틀을 잡고 널빤지를 덧대서 커다란 상자를 만들고, 그 위에 부직포를 덮고……."

할아버지가 손을 훠이훠이 내젓습니다.

"나무가 물기를 머금고 휘어서 일 년도 못 버틸걸요! 그냥 흙 위를 잘 골라서 심으면 충분할 텐데……."

"정원에 모종 심을 공간이 어디 있다고 그래요. 이미 나무며 꽃들이 자리를 잡고 있는데, 우리한텐 텃밭 상자가 딱이지!"

스티로폼 텃밭 상자

"그래도 식물에게는 상자보다는 땅이……."
"여보! 상자로 해요."
할아버지는 이해가 되지 않으면서도 결국 고개를 끄덕입니다.
"그렇다면 녹이 잘 슬지 않고 휘지도 않는 아연판으로 만듭시다. 만들려면 제대로 만들어야지. 사실 스티로폼 박스도 좋은데, 당신은 마음에 들지 않겠지?"
"역시 당신은 최고야! 암요, 제대로 만들어서 천년만년 씁시다. 그리고 스티로폼 박스가 어때서요? 주방 뒷문 옆에 두면 딱이지!"
세 마리 강아지들도 신이 나서 꼬리를 칩니다.

쌀쌀한 어느 날 할아버지가 두 손을 호호 불어 가며 텃밭 상자를 만들기 시작했어요. 그동안 할머니는 텃밭에 무엇을 심을까 생각하며 즐거워하고 있어요. 직접 가꾼 채소로 맛있는 요리를 만들 생각에 할머니는 더 행복했지요.
"적상추와 겨자채, 부추랑 쑥갓은 마땅히 심어야 해. 아, 로메인이랑 깻잎도 심어야겠지? 무엇보다도 허브는 종류별로 가득 심어야지."
할머니는 연필을 꾹꾹 눌러 가며 심고 싶은 야채를 적어 내려가기 시작했어요.
"잎채소만 심기에는 아깝잖아. 열매를 따는 재미도 있어야지! 고추와 토마토, 오이, 가지……."
할머니의 입가에 빙글빙글 미소가 감돌았어요.

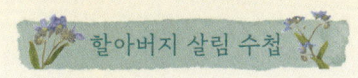

나만의 텃밭 상자 만들기

정원이 아닌 집 안에서도 작은 텃밭을 가꿀 수 있어요. 쉽게 구할 수 있는 재료로 텃밭 상자를 만들어 채소를 길러 보아요.

준비물
스티로폼 상자, 아크릴 물감, 양파 망, 배양토, 거름

방법
① 물이 잘 빠질 수 있도록 상자 바닥에 구멍을 뚫어요. 오백 원짜리 동전 크기로 한 뼘 길이마다 구멍을 내거나, 손톱만 한 구멍을 손가락 마디 간격으로 뚫어요.

② 아크릴 물감으로 상자를 쓱싹쓱싹 칠해 보아요. 화분에 키울 식물의 이름도 멋지게 써 보세요.

③ 상자 바닥에 양파 망을 도톰하게 깔아요. 구멍으로 흙이 빠지지 않고, 공기층을 만들어서 식물이 더 잘 자랄 수 있어요. 헌 옷이나 부직포를 깔아도 돼요. 상자가 충분히 깊다면 자갈을 손가락 길이 정도 채우면 훨씬 좋아요.

④ 흙과 거름을 골고루 섞어서 상자에 담아요. 흙은 가득 채울수록 좋아요. 아무리 작은 식물이라도 흙이 깊이가 있어야만 제대로 자랄 수 있답니다.

⑤ 상자와 바닥 사이를 조금 띄워 놓으면 물도 잘 빠지고 식물이 숨을 잘 쉴 수 있어요. 스티로폼 상자 뚜껑을 받침으로 이용하면 주변이 더러워지지 않아 쓸모가 있답니다.

일 년 텃밭 농사 계획
제때 심어야 맛있죠

맛있는 채소나 열매를 수확하기 위해서는 적당한 때를 기다려 심고 가꾸어야 해요. 제때 심어야 싹도 잘 틔우고 잎도 튼튼히 자라서 좋은 결과를 볼 수 있답니다.

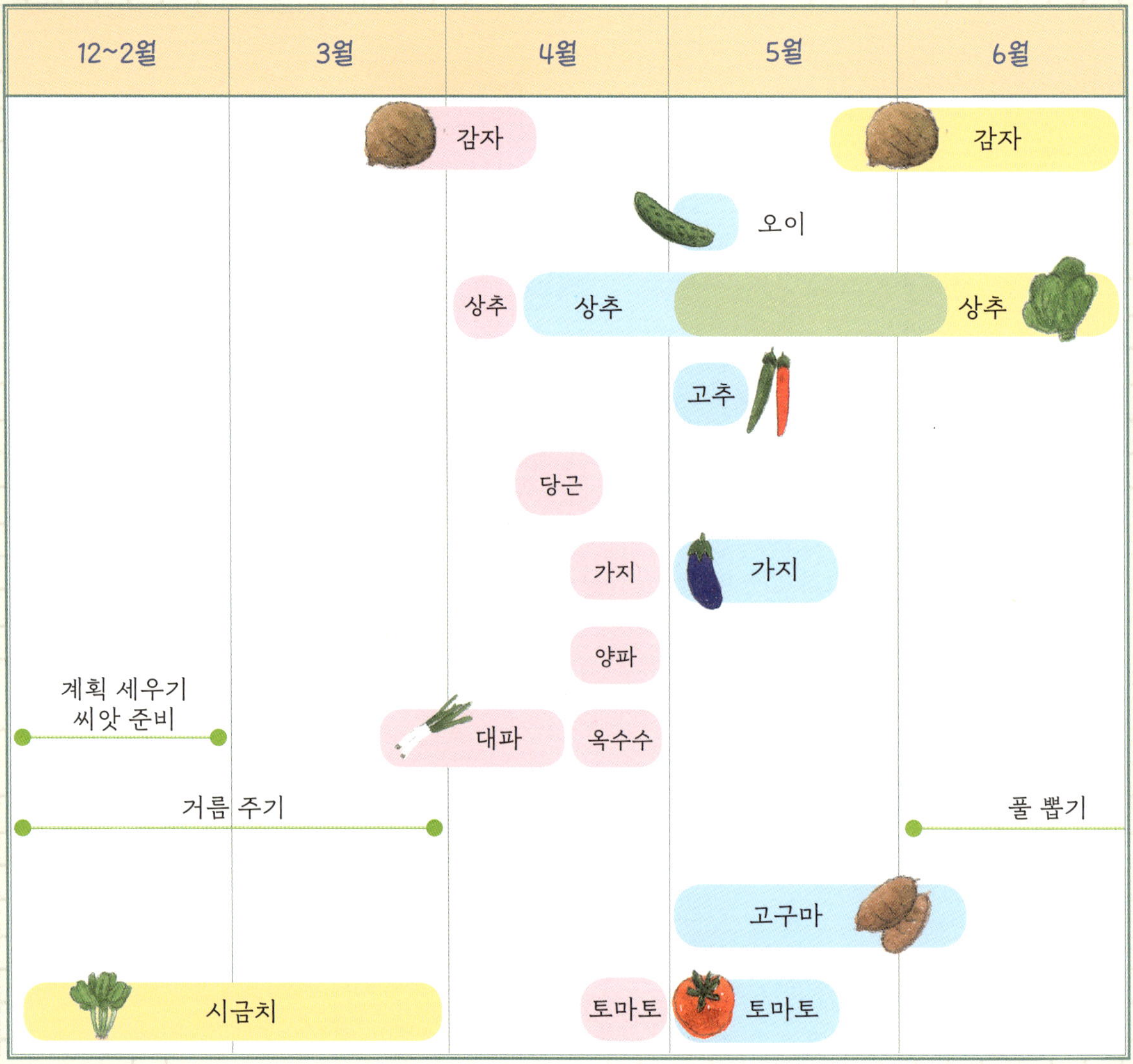

12~2월	3월	4월	5월	6월
		감자		감자
			오이	
		상추	상추	상추
			고추	
		당근		
		가지	가지	
		양파		
		대파	옥수수	
계획 세우기 / 씨앗 준비				
	거름 주기			풀 뽑기
			고구마	
시금치			토마토	토마토

- 🟪 씨 뿌리는(파종) 시기
- 🟦 싹을 틔워 키운 어린 작물을 옮겨 심는(모종) 시기. 모종은 직접 키울 수도 있고 구입해 심기도 한다.
- 🟨 열매를 거두는(수확) 시기

7월	8월	9월	10월	11월
감자				
오이	오이			
상추	상추			
고추	고추	고추		
당근	당근(파종)			당근
가지	가지	갓(파종)		갓
양파	양배추(모종)			양배추
옥수수	옥수수	대파	대파	
풀 뽑기				
장마 대비				
	배추(모종)			배추
	무(파종)	고구마		무
토마토	토마토	시금치(파종)	시금치	시금치

*기준 자료: 농촌진흥청

"어머나! 작년에 선물로 받은 토마토 씨앗을 까맣게 잊고 있었네. 씨앗 주머니를 어디 두었더라……. 오, 여기 있군! 토마토는 루콜라랑 찰떡궁합이지. 참, 루콜라도 잊고 있었네!"

"토마토라……. 그거 좋네요!"

마침 잠깐 쉬러 온 할아버지가 현관을 들어서며 한마디 거듭니다. 할머니는 따뜻하게 데워 놓은 달콤한 코코아를 할아버지에게 건넵니다.

"이건 그냥 토마토가 아니에요. 자그마치 열 가지가 넘는 종류의 토마토 씨앗이라고요. 기대해도 좋아요! 헌데, 당신은 뭐 심고 싶은 거 없나요?"

"난 단지 당신이 채소밭을 제대로 돌보았으면 하는 바람이지."

할아버지는 알고 있습니다. 궂은 일거리는 언제나 자기 몫이라는 것을요.

아연판 텃밭 상자

　호두가 할머니와 문 쪽을 번갈아 보며 간절한 눈빛을 쏘아 댑니다. 할머니를 한 번 쳐다보고 주방의 뒷문을 박박 긁더니, 다시 한 번 할머니를 쳐다보았죠. 고소한 참기름 향이 폴폴 풍기는 참나물 무침에 열중하던 할머니가 그제야 호두에게 눈길을 줍니다.
　"호두야, 왜? 쉬하고 싶어?"
　호두는 사람을 잘 따르지 않는 강아지예요. 항상 제멋대로라서 웬만하면 하고 싶은 대로 내버려 두지요. 아마도 밖에 나가고 싶은 것 같아 할머니는 문을 활짝 열어 줍니다. 문을 타고 실려 오는 달콤한 봄 내음을 느끼기가 무섭게 호두의 두 다리는 쏜살같이 정원으로 향합니다.
　기분이 좋을 때 호두는 토끼처럼 두 다리를 힘껏 구릅니다. 이리 깡충, 저리 깡충. 역시나 바깥 산책을 하고 싶었나 봅니다.
　"호두야! 너무 멀리 가지 마라! 마루, 뭐하니? 같이 안 가?"
　흔들의자 옆 낡은 쿠션에 앉아 있던 마루는 제 이름이 불리자 귀찮은 듯 천천히 몸을 일으킵니다. 어디로 튈지 모르는 호두의 지킴이는 언제나 마루입니다. 마루 역시 콧구멍을 벌렁거리다가 두 발을 힘껏 박차고 호두를 쫓아갑니다. 강아지 두 마리는 너른 정원이 비좁아 보일 정도로 앞서거니 뒤서거니 질주를 합니다.
　"오토야, 같이 안 나가?"

할머니가 물어도 게으른 오토는 눈만 껌벅이며 할머니 옆에 누워 쿵쿵댑니다.

"이놈! 어딜 들어가!"

할아버지의 갑작스러운 호통에 정원을 누비던 마루가 화들짝 놀랐습니다. 안 그래도 소심한 성격이라 놀란 가슴을 진정시킬 새도 없었지요. 마루는 마당에 나온 할머니 뒤에 숨어서 고개만 빼꼼 내놓았어요. 호두는 여전히 천방지축으로 뛰고 있었고요.

"갑자기 왜 그래요? 마루 놀랐잖아요! 아이고, 우리 마루 괜찮니?"

할머니는 마루의 머리를 쓰다듬으며 달래 줍니다. 마루는 억울한 표정입니다.

"호두는 작아서 괜찮지만, 마루랑 오토같이 덩치가 큰 놈들은 정원 안을 마구 걸어 다니면 절대 안 돼요. 지금 막 올라오는 새싹들을 짓밟으면 죽기 십상이라고요! 어린잎은 작은 힘에도 망가질 수가 있기 때문에……."

할아버지의 잔소리가 길어지려고 합니다.

"알았어요, 알았어! 그래도 갑자기 소리를 지르면 누구든 놀라죠. 자, 마루야 풀밭에서 너무 뛰면 안 된다. 알았지? 저 고약한 아저씨가 잔소리를 하잖니."

할아버지가 조금 멋쩍어합니다.

"쩝. 그게 말이지, 단단히 교육을 시켜 놓지 않으면……."

"여보! 좋은 말로 타일러도 제대로 가르칠 수 있어요."

"알았어요. 마루야, 놀랬니? 이리 오렴."

할아버지가 할머니 성화에 못 이겨 마루에게 화해를 신청합니다. 샐쭉한 눈으로 할아버지를 보던 마루는 할아버지가 몇 번이고 어르고 달래자 조심스럽게 다가갑니다. 할아버지는 마루를 살짝 안아 줍니다. 마루는 화가 조금 풀린 듯 내려놓은 꼬리를 살짝 올려 흔든 뒤 오토 옆으로 돌아가 눕습니다. 아마 일주일 정도는 토라져 있을 것이 분명합니다.

"이제 수선화랑 크로커스는 한창 때가 지났어요."

오후 휴식 시간, 뜨거운 차를 홀짝거리던 할아버지가 서운한 목소리로 말합니다.

"내년에는 더 좋은 꽃을 피우겠죠. 항상 그래 왔잖아요."

할머니도 같은 마음이지만 애써 서운함을 달래 봅니다.

"해마다 피고 지는 식물들을 보면 해가 다르게 커 가는 내 자식 같아요."

"자식 많아서 좋으시겠소."

할머니는 빙그레 웃습니다.

"돌나물이랑 달래가 제법 자랐던데, 달래장에 밥이나 쓱싹 비벼 먹고 싶네요."

"참나물도 많기에 아까 따다가 무쳐 놓았어요."

할아버지가 고개를 끄덕이며 입맛을 다십니다.

"당신 나물 무침은 맛이 그만이죠."

"두말하면 잔소리죠! 오늘 저녁은 달래 된장국에 참나물 무침, 달래장이랍니다. 그런데 오토는 어디 있죠? 아까부터 보이질 않네."

할머니 옆에서 늘 게으름을 피우던 오토가 갑자기 사라졌습니다. 보기 드문 일이지요.

"오토 저기 있잖아요. 벌써 삼십 분 전부터 저러고 있던걸?"

할아버지의 손가락 끝에는 안개나무 옆에서 눈을 살포시 감은 오토가 있습니다. '희망의 내일'이라는 멋진 꽃말을 지닌 안개나무는 늦봄에 꽃들이 마치 붉은 안개처럼 피어납니다. 이 세상 나무가 아닌 것처럼 느껴지기도 하죠. 신기하게도 오토는 이 나무 옆을 자주 찾았어요. 봄바람을 타고 살랑

안개나무

거리는 안개나무 꽃이 코끝을 간질이는 느낌이 좋아서일까요? 이럴 때 오토의 모습은 자연을 노래하는 시인 같기도 하고, 세상 이치를 깨달은 철학자 같기도 해요. 오토를 방해할 수 없는 몇 안 되는 순간이기도 하지요. 할머니와 할아버지는 그 모습을 보고 말없이 서로의 눈을 맞춥니다. 오토의 아름다운 시간을 함께 간직하고 싶은 거죠.

"참. 호두가 터트려 놓은 인형에서 나온 씨앗에서 정말로 싹이 났지 뭐예요."

할머니가 생각난 듯 말했습니다.

"오, 그것 참 신기한 일이군. 무슨 꽃이 피는지 화분에 옮겨 심어 볼까요?"

무슨 이야기냐고요? 할머니는 얼마 전 유럽 여행을 다녀온 이웃에게서 새 모양의 헝겊 인형을 선물로 받았어요. 제법 묵직한 인형은 곧바로 호두의 표적이 되고 말았지요. 호두는 폭신하고 몰캉거리는 물건을 정말 좋아하거든요. 그냥 가지고 놀기만 하면 좋을 텐데, 호두는 늘 날카로운 송곳니로 조각조각 찢어 버리곤 했지요.

할머니가 인형을 애써 선반으로 숨겼지만, 호두에게 들키고 말았어요. 어느 날 잠깐 마실을 다녀온 할머니는 인형을 즐겁게 물어뜯고 있는 호두를

봄나물의 종류와 먹는 법
나물을 먹으면 기운이 나요

다 똑같아 보이지만 나물은 그 생김새도 향도 맛도 제각각이랍니다.
또한 어떻게 요리하는지에 따라 맛이 달라지기도 해요.
여러 가지 영양소를 가지고 있어 우리 몸을 건강하게
해 주는 갖가지 나물을 꼭 먹어 보세요.

냉이

쌉싸래하고 향긋한 냉이는 비타민, 칼륨과 칼슘이 매우 많은 나물이랍니다. 그리고 채소 중에서 단백질이 가장 많다고 알려져 있어요. 잘 말려서 줄기와 뿌리를 삶아 마시면 기운을 북돋워 줘요.

냉이나물 : 소금물에 살짝 데쳐 소금과 참기름에 무쳐요.
냉잇국 : 쌀뜨물 멸치 육수를 만든 다음 된장을 풀고 국을 끓여요.

참나물

특유의 향으로 사랑받는 참나물은 변비에 좋아요. 또 눈에 좋은 영양분을 많이 가지고 있답니다.

참나물무침 : 소금물에 데쳐 간장 양념에 무쳐요.
참나물김치 : 다듬은 참나물에 액젓과 갖은 양념을 넣어 재빨리 버무려요..

달래

톡 쏘는 맛이 특징인 달래는 칼슘과 비타민A, 비타민C가
많아서 피부에 좋고, 춘곤증을 물리쳐 줘요.

달래무침 : 간장, 고춧가루, 참기름 등에 무쳐 먹어요.
달래전 : 둥근 머리 부분은 잘게 썰고 나머지는 적당히 썬 다음
조갯살과 함께 밀가루에 풀어 부쳐 먹어요.

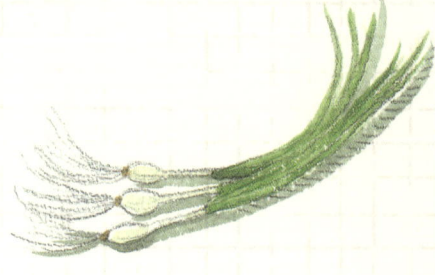

쑥

봄이 되면 이곳저곳에서 흔히 볼 수 있는 쑥은 면역력을 높여 주고 영양도 만점이에요. 섬유질이 많이 들어 있어 피를 맑게 하고 나쁜 균을 없애 주며 몸을 따뜻하게 해 줘요.

쑥나물 : 삶은 물에 데쳐서 된장과 들기름을 넣고 무쳐요.

쑥밥 : 쑥을 다듬어 물기를 뺀 다음 뜸이 들기 전의 밥에 올려 완성해요. 양념장을 곁들이면 훌륭한 한 끼가 된답니다.

두릅

'산나물의 왕'이라고 불리는 두릅은 독특한 향이 있으며, 우리 몸을 건강하게 하는 좋은 성분이 많이 들어 있어요.

두릅회 : 두릅을 데친 다음 초고추장과 함께 먹어요.

두릅장아찌 : 두릅의 새순을 끓는 물에 데쳐 달인 간장에 넣어 보관한 뒤 먹어요.

취나물

쌉사래한 맛이 나는 취나물은 칼륨, 칼슘, 비타민A 등 좋은 영양소를 듬뿍 가지고 있어요. 뼈 건강과 혈액 순환을 돕고 각종 통증을 줄이는 데 효과가 있어요.

취나물볶음 : 취나물를 데쳐서 간장, 파, 마늘 등으로 양념한 뒤 볶아요.

취나물무침 : 취나물를 데쳐서 된장, 마늘 등의 양념에 무쳐요.

발견했지요.

"호두야!"

할머니의 큰 목소리에 호두는 깜짝 놀랐지만 물고 있는 인형을 놓을 생각이 전혀 없어 보였어요. 오히려 함께 놀자는 듯 신나게 꼬리를 흔들었어요. 할머니는 속상해하며 인형을 빼앗았지만 이미 손을 쓸 수 없을 정도로 너덜너덜해진 뒤였어요.

"이런, 내 이렇게 될 줄 알았지. 호두야! 이렇게 인형을 물어뜯어 놓으면……. 가만있자, 이게 뭐지?"

터진 헝겊 사이로 아주 작은 씨앗들이 흘러나왔어요.

"처음 보는 생김새인데, 무슨 씨앗일까?"

호두는 아직 인형에 미련을 버리지 못한 듯 할머니를 바라보며 앉아 있었

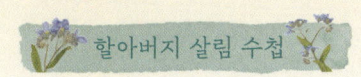 할아버지 살림 수첩

싹 틔우기와 옮겨 심기

씨앗을 심어 본 적 있나요? 씨앗은 적절한 온도와 물을 만나면 싹을 틔우기 시작해요. 효과적으로 싹을 틔울 수 있는 손쉬운 방법을 알아보아요.

준비물
납작한 접시, 키친 타올, 씨앗, 화분, 배양토

방법
① 집에 있는 납작한 접시 위에 키친 타올을 도톰하게 깔고 그 위에 물을 뿌려 촉촉하게 해 줘요.

② 적당한 간격으로 씨앗을 놓아요.

③ 키친 타올이 마르지 않도록 주의하면서 물을 보충해 주세요.

④ 며칠이 지나면 씨앗 껍질이 불어서 톡 터진 모습을 볼 수 있어요. 그리고 다시 며칠이 지나면 힘차게 떡잎이 올라오는 모습을 볼 수 있어요. 식물의 종류나 씨앗의 상태에 따라서 새싹이 나오는 시간은 다르답니다. 어떤 씨앗에서는 싹을 볼 수 없는 경우도 있을 거예요.

⑤ 적당한 크기의 화분에 배양토를 넣고 적당한 간격으로 씨앗을 넣을 작은 구멍을 만들어 주세요. 씨앗의 크기보다 조금 더 크면 됩니다.

⑥ 이제 싹이 튼 씨앗을 옮겨 보아요. 어린싹은 상처 나기 쉬우므로 핀셋 등을 이용해 조심스럽게 옮겨 주세요.

⑦ 흙을 덮고 물을 뿌려 주세요. 아직 연약한 떡잎이니까 조심조심 낮게 물을 주세요.

어요.

"호두야! 다음부터는 이렇게 인형을 못쓰게 만들면 안 된다!"

할머니는 호두를 타일렀어요. 마음속으로는 벌써 씨앗에서 어떤 식물이 나올지 궁금한 마음이 피어올랐지요.

할머니는 작은 접시에 솜을 깔고 물을 충분히 적신 다음 씨앗들을 듬성듬성 올려놓았어요. 그러고는 솜이 마르지 않도록 정성스럽게 보살펴 주었답니다. 얼마 뒤 씨앗들은 보답이라도 하듯 기지개를 폈어요.

"이 작은 새싹들을 보세요. 이렇게 조그마한 생명이라니!"

할머니는 어린잎이 새삼 기특합니다.

"이 아이들이 어떤 꽃을 피울까요? 시간이 빨리 가면 좋겠어요."

할머니와 할아버지는 기대에 찬 눈빛을 주고받았어요.

앞다퉈 피어나던 고운 꽃이 하나둘 지고, 정원은 쪽빛에 가까운 녹음으로 물들었어요. 기다란 잎을 가진 그라실리무스는 커다란 호를 그리며 척척 늘어지고, 메타세콰이어와 핀오크는 더할 수 없을 정도로 잎이 무성해졌어요. 블루베리는 보랏빛으로 물들어 가기 시작합니다.

어느 날 오후, 마냥 평화로울 것 같은 정원에 우중충한 먹구름이 잔뜩 웅크리고 떠나질 않고 있어요. 곧 비가 쏟아질 것 같은 날씨예요.

"올해도 어김없구먼."

하늘을 바라보던 할아버지가 혼잣말하듯 웅얼거립니다. 며칠째 왼쪽 무릎이 콕콕 쑤시는 것이 심상치 않았거든요. 이럴 때는 신기하게도 백발백중 비나 눈이 내리곤 하죠. 하지만 다리가 아프다고 쉬고만 있을 수 없었어요. 큰비가 내리기 전에 대비를 해야 하거든요. 이런 할아버지 걱정에는 아랑곳없다는 듯 마루가 옆에서 다리를 부비면서 놀아 달라고 보챕니다. 마루는 한가하다 못해 지겨운 표정이었어요.

"마루야. 들어가 있어. 할아버지는 지금부터 몹시 바쁘단다."

마루는 할아버지를 한 번 쳐다보더니 집을 향하여 터덜터덜 걸어갑니다. 할아버지는 무엇이 우선인지 빠르게 생각하기 시작했어요.

'우선 물이 잘 빠져 흐르도록 물길을 파 줘야겠어. 비가 오는 동안에도 식물들이 숨을 쉴 수 있도록. 지난봄에도 충분히 파 줬는데, 오토랑 마루가 땅

을 파헤치며 노는 바람에 엉망이 되었잖아. 이 녀석들, 한번 엄하게 꾸짖어야 하는데!'

할아버지는 계획을 세우면 바로 실행에 옮기는 부지런한 사람입니다. 창고에서 삽을 꺼내어 즉시 정원으로 향합니다.

'봄에는 기계를 사용했지만 지금은 조금씩 길만 내 주면 될 테니 오래 걸리진 않겠지. 메타세쿼이어는 물을 좋아하니 큰 문제가 없겠지만 향나무와 측백나무는 꼼꼼히 살펴서 빗물을 잘 빠져나가게 해야 할 거야. 그리고 또 뭘 해야 하지?'

할아버지는 삽질을 하다 말고 정원을 둘러보며 한숨을 푹 내쉽니다. 빗속에 꺾이기 쉬운 여린 식물들은 줄기에 지지대를 세워 줘야 하고, 풍성한 풀들은 묶어 줘야 합니다. 장맛비에 쑥대머리가 될 식물들은 미리미리 잘라 줘야 예쁘게 자라나지요. 너무 무성하게 자라면 바람이 잘 통하지 않고 햇빛을 받기도 어려워서 웃자란 가지들은 지금 잘라야 합니다.

'비님이 오시기 전에 모든 일을 끝마쳐야 할 텐데, 걱정이군.'

그때였어요. 하늘이 할아버지의 푸념을 들었는지 작업용 목장갑을 양손에 낀 할머니가 갑자기 나타났어요.

"당신! 여기서 혼자 뭐하는 거예요?"

"왜, 당신도 같이 하려고요? 이런 일은 내 담당인데?"

할머니는 할아버지 옆에 있던 말뚝과 끈을 집어 들고는 우람한 블랙수크령 앞에 섰습니다.

"당신 몸도 예전 같지 않잖아요. 무슨 일이든 서로 도와야 힘도 덜 들고 빨리 끝나지 않겠어요? 이 많은 걸 혼자 다 하고 나면 끙끙 앓아누울 게 뻔해요."

할아버지는 대답 대신 따스한 미소를 보냅니다.

아이 키만 한 블랙수크령은 사방에 말뚝을 꽂은 뒤 망치로 내리쳐 튼튼하게 박고 끈으로 둘러싸면 웬만한 비바람에도 눕지 않아요. 할머니가 야심차게 심은 열 가지 종류의 토마토도 텃밭에서 무럭무럭 자라고 있어요. 토마토나 오이같이 열매가 주렁주렁 열리는 채소는 모종을 옮겨 심을 때 미리 지지대를 설치해 주어야 해요. 여름이면 허브 종류는 잘 시들고 비에도 약한 편이에요. 그래서 많이 자란 허브는 바람이 잘 통하도록 가지를 솎아 주어야 하죠. 장마 때는 비를 많이 맞지 않도록 천막을 쳐 주기도 해요.

"이젠 뭘 하죠?"

"거름을 좀 줘야 할 것 같아요. 봄 동안 땅에 뿌리를 내렸으니, 여름에는 그 뿌리를 더욱 튼튼하게 해야죠."

"봄에 쓰던 것이 남았는데 가져와야겠어요."

할아버지는 손을 가로젓습니다.

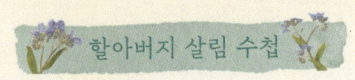 할아버지 살림 수첩

장마철 정원 관리 대작전

장마에 식물이 '녹아 버린다'는 표현이 있어요. 비가 많이 내리기 시작하는 6월에서 7월, 정원의 식물들을 적절하게 관리해 주지 않으면 제대로 살아남지 못해요.

① 물이 빠져나가는 길을 배수로라고 해요. 배수로가 막힌 곳은 없는지 제대로 역할을 하고 있는지 미리 살펴봐요. 땅이 움푹 파였거나 경사가 제대로 잡히지 않으면 고인물이 빠져나가기 힘들어요.

② 후텁지근한 장마철, 온도와 습도가 높아지면 나무가 썩거나 해충이 생길 수 있어요. 너무 늦지 않게 자주자주 나무들을 돌봐요.

③ 나무가 너무 잘 자라도 탈이에요. 가지가 무성해지면 바람길이 막혀서 통풍이 잘되지 않고, 햇빛도 차단되기 때문에 관리가 필요하답니다. 적당하게 솎아 줘요.

④ 비가 많이 내리는 시기에는 땅의 성질이 산성으로 변하기 쉬워요. 칼슘이나 인 성분을 비료로 보충해 식물이 더 튼튼하게 자랄 수 있도록 해요.

⑤ 가지가 얇거나 뿌리가 확실하게 뻗지 못한 식물은 세찬 비에 누울 수 있어서 수시로 살펴봐야 해요. 특히 열매가 익어 가는 식물은 가지는 무거워 더욱 조심해야 하죠. 지지대로 확실히 고정해 주고, 잎이 긴 그라스 종류는 묶어 줘요.

⑥ 잎이 여린 채소나 허브들도 세심하게 살펴요. 허브 종류는 습기에 약하기 때문에 비를 너무 오래 맞지 않도록 해요. 처마 밑으로 옮겨 주는 것도 방법이랍니다.

"음, 좋지 않아요. 여름에는 칼슘이랑 인산이 많이 들어간 거름을 써야 해요. 장대비에도 견디려면 줄기를 튼튼하게 키워야죠."

"당신 나무 박사가 다 되었네요."

열심히 일하느라 시간 가는 줄 모르고 있을 때, 할머니가 불쑥 침묵을 깼습니다.

"나, 소원이 있어요."

할아버지는 식은땀이 쭉 흐르는 것을 느꼈어요. 할머니가 저렇게 말을 꺼내는 것은 그리 좋은 징조가 아니거든요. 그래서 못 들은 척 일에 몰두했어요. 하지만 그런 것에 신경 쓰는 할머니가 아니죠.

"작년부터 나무수국 옆에 있는 연필향나무 위치가 마음에 들지 않았는데, 이번 장마철을 이용해서 옮겨 심으면 어떨까요?"

할아버지는 일하던 손을 멈칫합니다. 역시 할머니는 일 벌이기 대장입니다. 이 상황을 어떻게 벗어날까 열심히 머리를 굴려 보지만 답은 나오지 않습니다.

"나무를 옮겨 심기 가장 좋은 시기는 늦은 봄하고 가을이에요. 여름에는 볕이 따가워서 나무가 타 죽을 수 있고, 겨울은 너무 추우니까 좋지 않죠. 그리고 저 나무는 지금도 보기 좋고 훌륭한데……. 흠흠."

할아버지의 작은 반항에 할머니는 코웃음을 칩니다.

"어머나, 본격적인 더위가 오기 전 장마철이 나무 옮기기 가장 좋은 때라고 했던 사람이 누구시더라? 물만 잘 빠지게 하고, 넘어가지 않도록 튼튼하게 고정시키면 오히려 장맛비가 도움이 된다고 그랬잖아요?"

'어이쿠야. 내 발등을 내가 찍었지.'

역시 말로는 평생 할머니를 이길 수 없을 것 같습니다. 할아버지는 작게 한숨을 쉽니다.

'일손을 덜어 잠시 좋아했더니 일거리가 더 늘었지 뭐야.'

할머니는 할아버지의 어두워진 낯빛을 아랑곳하지 않고 말했어요.

"동네 사람들에게 도와 달라고 말해 봐야겠어요. 당신은 하던 일 마저 하고 들어와요. 나는 당장 들어가서 연락을 해 볼 테니."

할머니를 누가 말릴 수 있을까요. 수첩을 뒤적거리며 전화를 몇 통 한 뒤 할머니의 표정은 득의양양했습니다. 그리고 다음 날, 긴 비의 시작을 알리는 듯한 보슬비가 내렸어요. 비를 맞으며 동네 사람들은 할머니의 지휘에 맞춰 연필향나무를 옮겨 심었습니다. 지주목도 튼튼하게 세워 주었죠. 할머니는 고생한 이웃들에게 고소한 콩국수를 대접하는 것도 잊지 않았어요. 이로써 분주했던 장마맞이는 끝이 났답니다.

지루하고 눅눅한 비가 계속되었습니다. 습기가 가득한 집 안을 말리느라 할아버지는 겨울도 아닌데 벽난로에 불을 지폈어요. 벌써 며칠을 나가지

여러 가지 정원수
어떤 나무를 심을까?

어떤 나무가 정원을 더욱 멋지게 만들어 줄까요? 정원수마다 다양한 쓰임새가 있답니다. 바깥과 경계를 만들어 주는 울타리용 나무가 있는가 하면, 맛있는 열매를 맺는 나무도 있지요. 향기로운 꽃으로 기분을 좋아지게 하는 나무도 있답니다.

가이즈카향나무

볕이 잘 드는 곳에 심어 놓으면 쑥쑥 자라는 이 나무는 가위로 전정해서 구름 모양을 내는 등 멋을 부릴 수 있답니다. 하지만 자연스럽게 자라도록 두는 것도 보기 좋아요.

블루베리

새콤달콤한 블루베리를 맺는 나무는 무른 땅에서 잘 자랍니다. 물을 충분히 주고 거름도 주면서 뿌리를 잘 내리게 하면 해마다 맛있는 과일을 수확할 수 있답니다. 꽃을 보는 재미도 쏠쏠해요.

주목

해가 별로 들지 않는 그늘에서도 잘 사는 나무예요. 늦가을이 되면 빨갛고 작은 열매가 맺혀요. 잘 길러 놓은 주목은 삼각뿔 모양이라 크리스마스 트리로 많이 쓰여요.

사철나무

일 년 내내 푸른 잎을 자랑하는 튼튼한 사철나무. 작은 키와 푸르름 때문에 정원 울타리용으로 많이 심어요. 반들반들하고 두꺼운 잎을 가지고 있고, 6~7월에 작고 하얀 꽃을 피운답니다.

금목서

향이 만 리까지 퍼져 나간다고 해서 만리향이라고도 불리는 금목서. 추위에는 약해서 우리나라에서는 따뜻한 남부 지방에서 잘 커요. 10월 중 주황색 작은 꽃이 피어서 늦가을에도 꽃을 즐길 수 있어요.

벚나무

완연한 봄을 알리는 연분홍색 꽃이 상징인 벚나무. 우리가 맛있게 먹는 체리나 앵두가 열리는 나무들도 모두 벚나무 종류랍니다. 해가 잘 드는 곳에 물을 충분히 주면서 키우면 잘 자라요. 추위에도 강해서 키우기 어렵지 않아요.

화살나무

키가 크게 자라지 않는 화살나무는 줄기가 갈라진 것이 화살의 뒷부분 날개와 닮았다고 해서 이름 붙여졌어요. 추위와 더위에도 강하고 잘 자라서 초보 정원사가 키우기 쉬워요. 가을에는 붉은색의 단풍이 들어요.

못한 강아지 세 마리는 커다란 창문 앞에 조르르 앉아서 밖을 향해 코를 박고 있습니다. 매일매일 정원을 신이 나게 뛰어 다니다 갇혔으니 좀이 쑤시는 것도 당연할 거예요. 부침개를 만들고 있던 할머니는 그런 강아지들을 안쓰럽게 바라봅니다.

"강아지들이 우울한가 봐요. 안에만 있으려니 답답하기도 하겠지."

할아버지는 못 들은 척 책에 빠져 있었어요.

할머니는 혼잣말을 하는 척하면서도 소리를 좀 높입니다.

"아무래도 산책을 시켜야겠네."

그제야 할아버지는 고개를 들어 할머니를 바라봅니다. 눈치 빠른 호두는 낌새를 채고 이미 할머니에게 착 달라붙어서 꼬리를 흔듭니다. 이 기회를 놓치면 안 되겠죠.

"지금 날이 어떤지 보이지 않아요? 오 분만 나가 있어도 쫄딱 젖고 말 거예요."

"젖은 김에 목욕도 시키면 되죠. 며칠 동안 갇혀 먹기만 하니 속도 더부룩하잖아요. 자아, 우리도 같이 산책을 나가요! 이 비를 피하지만 말고 즐겨 봅시다!"

할머니가 노란 비옷을 챙겨 들자 강아지들은 문 앞으로 후다닥 달려갑니다. 오토는 꼬리를 치며 할머니 주위를 빙글빙글 돌기 시작합니다.

"오토야, 어지러워! 옷 입고 나갈 테니 조금만 기다려."

작은 호두는 캥캥 짖으며 이리 뛰고 저리 뛰고 난리입니다. 이렇게 좋아하는데 진작 데리고 나갈걸, 하고 할머니는 괜스레 강아지들에게 미안해집니다. 할아버지는 책을 덮고 느릿느릿 어쩔 수 없이 따라나섭니다. 한창 재미있던 이야기책에 미련을 버리지 못하면서 말이죠.

　비옷과 장화, 그리고 커다란 우산으로 단단히 무장한 할머니와 할아버지는 오래간만에 빗속을 거닙니다. 바깥공기가 생각보다 나쁘지 않았어요. 마치 산꼭대기에 올라온 듯 '파아' 심호흡도 해 보면서 천천히 발걸음을 옮깁니다. 대비를 잘한 덕인지, 간밤의 큰비에도 정원은 별 탈이 없어 보입니다.

"당신도 막상 나오니 기분이 좋지요?"

　할머니는 할아버지의 팔뚝을 슬며시 건드립니다.

"흠, 비 올 때는 책 읽기가 제일이지만 산책도 나쁘지 않네요."

　세상에서 제일 깔끔한 강아지 마루는 처마 밑에서 나오지도 않았어요. 마루는 세상에서 제일 겁 많은 강아지일 거예요. 젖는 게 싫은 건지 비를 무서워하는 건지 알 수가 없어요. 그러거나 말거나 나머지 두 마리는 제 세상을 만난 듯 정원을 질주했어요. 더위에 약한 오토는 시원한 빗물이 좋은 모양입니다. 젖은 생쥐 꼴을 하고는 좋다고 숨을 쌕쌕거렸지요. 한편 한참을 앞

으로 갔다 뒤로 갔다 혼자서 깡총깡총 달리던 호두는 갑자기 멈춰 서서 땅을 쿵쿵거렸어요. 꼬물꼬물 지렁이들이 땅 밖으로 나와 있었거든요. 호두는 지렁이를 유난히 좋아합니다. 지렁이 냄새를 맡고 또 맡고, 심지어는 등을 땅에 대고 비벼 대며 자리를 떠나지 않습니다.

"아니 이놈이 또 이러네! 호두야! 안 돼! 이리 와, 냄새 난다."

할아버지가 꿈쩍도 하지 않는 호두를 들어 옮깁니다. 호두가 지렁이를 좋아하는 것은 알지만, 등에서 나는 쿰쿰한 냄새는 견디기가 쉽지 않거든요.

"어차피 목욕을 해야 할 텐데, 그냥 오늘은 놀게 놔두는 게 어때요?"

할머니는 요 며칠 유난히 낑낑거리던 호두가 가여웠어요.

"지렁이에 몸을 비비는 행동이 좋지 않다는 걸 가르쳐야 한다고요!"

할아버지가 평소와 다르게 엄하게 이야기했어요. 호두가 등짝에 고약한 냄새를 묻혀 올 때마다 씻기는 것은 할아버지의 일이거든요. 포기도 빠른 호두는 언제 지렁이에 관심이 있었냐는 듯, 옆에서 폴짝거리는 오토를 작은 앞발로 한 대 때리고 저만치 달려갑니다.

오늘 저녁은 다섯 가족 모두 녹초가 될 것이 분명합니다. 오랜만에 비를 맞으며 신나게 뛴 강아지들은 물론이고, 덩치 큰 강아지 세 마리를 목욕시켜야 하는 할머니, 할아버지도 말이에요. 뽀송뽀송하고 개운한 기분으로 자게 될 강아지들은 분명 좋은 꿈을 꾸겠지요?

 오토에게 괴로운 계절이 돌아왔습니다. 장마는 어느덧 물러가서 정원을 마음껏 활보할 수 있었지만, 내리쬐는 햇볕은 견디기 힘들었어요. 골든리트리버 종인 오토는 털이 촘촘하니까요. 조금이라도 시원한 그늘을 찾으려고 자리를 옮겨 가며 몸을 누이는 모습이 안쓰럽기까지 합니다.
 호두와 마루는 더위에도 아랑곳하지 않고 풀숲을 탐험하고 있었어요. 사실 탐험은 호두가 하고 마루는 그 뒤를 졸졸 따라다니는 모습이지만 한바탕 놀고 나면 지쳐 버리기는 둘 다 마찬가지였어요. 더위에 장사 없다는 말이 딱 맞았죠.
 할머니는 더위에 입맛을 잃어버린 할아버지 때문에 고민입니다. 아무리 맛있는 요리를 내놓아도 중간에 숟가락을 놓는 일이 종종 있었으니까요. 할아버지는 지금 혓바닥을 내밀며 헉헉거리는 오토와 함께 등나무 그늘 아래서 연신 부채질을 하는 중이에요. 할머니는 보다 못해 차가운 허브티로 더위를 식혀 주기로 마음먹었습니다.
 할머니는 상쾌한 향기를 맡으며 정원 가위로 싹둑싹둑 허브를 잘라 바구니에 모았어요. 그러다 민트 옆에 웃자란 바질 덤불을 보고는 고민에 빠졌어요.
 '올해는 바질 농사가 잘되도 너무 잘됐네. 이 많은 것들을 어떻게 하면 좋을까?'

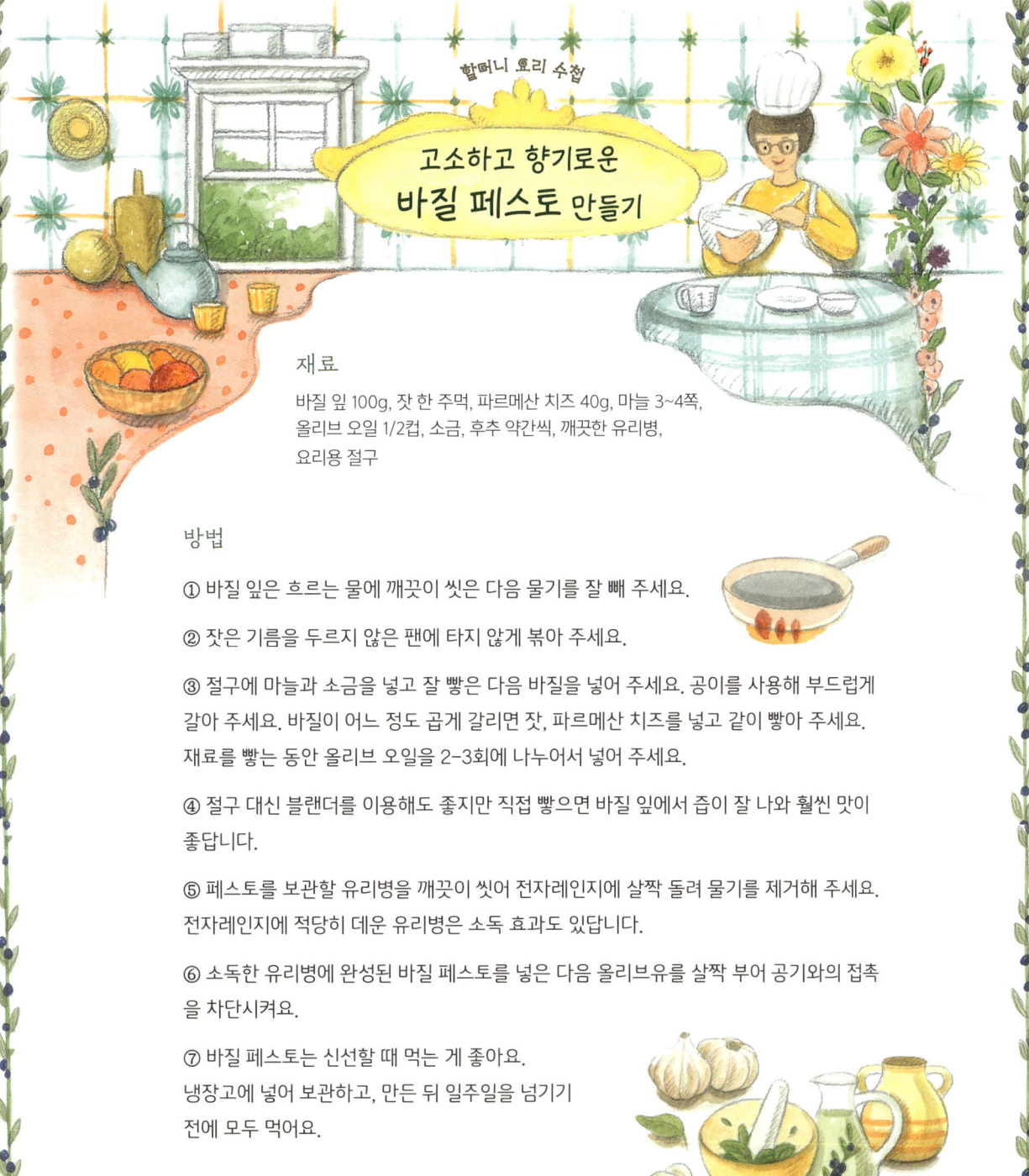

할머니 요리 수첩
고소하고 향기로운 바질 페스토 만들기

재료

바질 잎 100g, 잣 한 주먹, 파르메산 치즈 40g, 마늘 3~4쪽, 올리브 오일 1/2컵, 소금, 후추 약간씩, 깨끗한 유리병, 요리용 절구

방법

① 바질 잎은 흐르는 물에 깨끗이 씻은 다음 물기를 잘 빼 주세요.

② 잣은 기름을 두르지 않은 팬에 타지 않게 볶아 주세요.

③ 절구에 마늘과 소금을 넣고 잘 빻은 다음 바질을 넣어 주세요. 공이를 사용해 부드럽게 갈아 주세요. 바질이 어느 정도 곱게 갈리면 잣, 파르메산 치즈를 넣고 같이 빻아 주세요. 재료를 빻는 동안 올리브 오일을 2-3회에 나누어서 넣어 주세요.

④ 절구 대신 블랜더를 이용해도 좋지만 직접 빻으면 바질 잎에서 즙이 잘 나와 훨씬 맛이 좋답니다.

⑤ 페스토를 보관할 유리병을 깨끗이 씻어 전자레인지에 살짝 돌려 물기를 제거해 주세요. 전자레인지에 적당히 데운 유리병은 소독 효과도 있답니다.

⑥ 소독한 유리병에 완성된 바질 페스토를 넣은 다음 올리브유를 살짝 부어 공기와의 접촉을 차단시켜요.

⑦ 바질 페스토는 신선할 때 먹는 게 좋아요. 냉장고에 넣어 보관하고, 만든 뒤 일주일을 넘기기 전에 모두 먹어요.

허브의 종류와 쓰임새
허브는 쓸모가 많아요

허브는 원래 푸른 풀이라는 뜻이에요. 옛날 사람들은 어떤 식물들이 치료에 특히 효과가 있는 것을 알아내고 사용하기 시작했어요. 그러다 시간이 지나면서 약초로는 물론, 음식을 만들 때나 집 안에 향기를 더할 때, 혹은 피부 미용 등 여러 가지 방법으로 사용하기 시작했답니다.

라벤더

향이 좋은 대표적인 식물. 요리는 물론 화장품이나 향수에 많이 쓰여요. 바람 잘 드는 곳에 말려서 걸어 놓으면 향이 은은하게 퍼져요. 옛날 사람들은 목욕할 때 라벤더를 넣고 즐기기도 했대요.

타임

연분홍색의 작은 꽃이 예쁜 타임은 오랫동안 두어도 썩지 않도록 하는 방부 성질을 가지고 있어요. 옛날에는 시체를 보관하는 데도 쓰였다고 해요. 요즘에는 고기 요리에 향을 더하거나 소스를 만들 때 사용해요. 적게 넣어도 맛이 아주 좋아진답니다.

로즈메리

파란색 꽃이 피는 로즈메리는 향기가 아주 독특해서 쓰임새가 많아요. 예전에는 살균이나 벌레를 죽이는 데 사용했다고 해요. 특히 고기 요리랑 잘 어울리는 허브랍니다. 로즈메리의 향은 두뇌의 기능이나 기억력을 높인다고 해요.

민트

껌 재료로 널리 쓰이는 상쾌한 향이 특징이에요. 사람들이 차로 즐겨 먹는 허브지요. 종류도 다양한데 대표적으로는 페퍼민트, 애플민트, 스피어민트 등이 있어요.

딜

'달래다'라는 뜻을 가진 이름처럼 진정 효과에 좋은 허브예요. 소화를 도와주기도 하는 딜은 단맛이 특징이라 빵이나 생선 요리와 잘 어울린답니다.

바질

토마토와 찰떡궁합인 바질은 상큼하고 톡 쏘는 맛을 가지고 있어요. 거의 모든 요리와 잘 어울리기 때문에 주방에서는 빠질 수 없는 허브랍니다.

세이지

톡 쏘는 향이 특징인 세이지는 예전이나 지금이나 치료에 많이 쓰이고 있어요. 특히 지치고 힘들 때 먹으면 효과가 좋아요. 향이 매우 강하기 때문에 다른 재료와 요리를 할 때는 아주 조금 사용해야 맛이 어우러질 수 있답니다.

조만간 무슨 수를 쓰지 않으면 정원이 바질로 뒤덮여 버릴 것 같았지요. 할머니는 갑자기 좋은 수가 났는지 무릎을 탁 쳤어요.

"그래, 그런 방법이 있었지!"

애플민트와 레몬밤, 로즈메리가 얼음과 함께 어우러진 차가운 음료를 받고 할아버지는 마치 사막에서 오아시스를 만난 얼굴입니다. 한 컵을 벌컥벌컥 마시더니 컵을 내밀었습니다.

"한 컵 더! 바로 이게 지금 딱 필요한 것이었어요!"

할머니는 커다란 주전자에 담긴 허브차를 잔에 따랐어요.

"여기 많으니 천천히 드세요. 누가 쫓아오기라도 하나요?"

할아버지는 아무 말 없이 또 다른 한 잔을 들이킵니다.

"아! 시원하다. 이제 살 것 같네!"

강아지들은 커다란 목소리로 감탄하는 할아버지를 어리둥절한 모습으로 바라봅니다.

"여름이라고 축 쳐져 있기만 하면 되겠어요? 당신, 저녁은 새 모이만큼 먹고 저녁에는 잠도 잘 못 이루던데, 그러지 말고 운동을 적당히 해 보면 어때요?"

할머니는 걱정스러운 눈빛으로 할아버지를 바라봤어요.

"그렇지? 아무래도 요즘 기운이 쭉쭉 빠지는 것이…… 나이에는 장사가 없나 봐요."

"아침마다 뒷산이라도 올라 봐요. 강아지들도 데리고 말이에요. 한낮이

되기 전에 후딱 갔다 오면 되죠. 얘들도 낮에는 더워서 움직이기 힘들어서 누워만 있네요. 특히 오토 이놈!"

이름이 불리자 오토는 할머니를 바라보더니 꼬리를 흔드는 둥 마는 둥 합니다. 더위에 만사가 귀찮은 거죠. 할아버지는 그제야 강아지들을 찬찬히 살핍니다.

"이 녀석들 나처럼 지쳤구나. 냉차에 기운도 차렸고, 그래, 오늘 물놀이 좀 해 볼까?"

할아버지는 정원 수도꼭지를 빙빙 돌렸어요. 할아버지가 호스를 집어 들자 강아지들은 동시에 발딱 일어납니다. 호스 끝에서 물이 힘차게 솟아오르자 호두는 컹 짖으며 달려들기 시작했어요. 신나는 물놀이가 시작된 것입니다. 하늘을 향해 뿜었다가 안개가 되어 내려오는 물방울들을 향해 오토는 고개를 바짝 쳐듭니다. 젖는 걸 싫어하는 마루도 앞발을 동동 구릅니다. 그런데 할아버지는 강아지들에게 뿌리려던 물줄기를 갑자기 옆의 메타세콰이어 나무로 틀었어요.

"자, 덩치 큰 너도 목이 마를 거다."

강아지 세 마리는 물줄기를 기다리기가 힘든가 봅니다. 호두는 격렬하게 짖으면서 호스 쪽을 향합니다. 할아버지는 빼앗기지 않으려고 하늘 높이 호스를 쳐듭니다.

"이놈들이…… 조급하기는!"

하늘로 향한 물줄기가 정원을 잠시나마 싱그럽게 해 줍니다.

"여보! 저것 봐요, 무지개!"

앉아서 지켜보던 할머니가 갑자기 소리칩니다.

호스에서 솟은 물이 정원 한가운데 작은 무지개를 만들었어요.

"참 곱기도 하지! 무지개에 다른 색을 첨가하는 것은 무의미한 일이라고 셰익스피어가 그랬다지요?"

"글쎄. 내가 아는 말은 '사느냐 죽느냐 그것이 문제로다'였던 것 같은데."

할아버지의 실없는 농담에 할머니는 작게 미소를 그립니다.

"목마르지? 자, 차례차례 줄게."

할아버지는 호스를 낮춰서 호두부터 물을 줍니다. 그런데 호두는 물을 마실 생각은 하지 않고 호스를 잡고 놀자고 합니다. 입으로 호스를 물고 힘껏 끌어당깁니다. 할아버지는 손가락으로 호두의 콧등을 살짝 튕기며 말립니다.
"호두, 이 녀석! 동생들도 마셔야지!"

호두는 덩치가 제일 작지만 셋 중 맏이랍니다. 호두와 마루는 생김새가 비슷해서 커다란 마루를 호두의 어미로 생각하는 사람도 많아요. 하지만 호두는 마루보다 두 살이나 더 많은 누나입니다. 마루가 호두 다리 아래로 들어갈 정도로 작았던 어린 시절도 있었지만 지금은 호두보다 세 배쯤 몸집이 크지요. 그래도 마루는 호두를 잘 따르고 가끔은 무서워한답니다.

즐거운 물놀이에 강아지들은 흠뻑 젖고 말았어요. 하지만 여름 햇빛에 금세 뽀송뽀송 마를 거예요. 호두는 물놀이가 끝난 게 아쉬운 듯 입맛을 다셨

어요. 할머니와 할아버지는 강아지들을 씻기느라 지친 모습이었어요. 앞으로도 강아지 세 마리와 열심히 놀아 주려면 기력이 달리지 않도록 평소 열심히 산에 올라야겠다고 생각했지요.

"피할 수 없으면 즐겨야죠. 안 그래요?"

"그럽시다. 이번 여름도 무사히 넘겨 보자고요!"

낮에는 세상이 녹아내릴 것 같은 불볕더위가 한창이었어요. 하지만 해가 지고 어둠이 내리면 풀숲 사이로 선선한 바람이 불어 오고, 숨통이 트이기 시작했죠. 할아버지는 건강 때문에 시작한 아침 산행을 꾸준히 지키고 있어요. 처음에는 게으름을 피우기 일쑤였지만, 상쾌한 새벽 공기를 가르면서 산을 오르는 재미가 나쁘지 않았어요. 강아지들은 살판이 났습니다. 특히 마루는 이 시간을 얼마나 기다리는지 몰라요. 산을 오르는 할머니, 할아버지 앞을 화살같이 달려 나갔다가 돌아오기를 반복하는 마루는 영락없는 사냥개였어요.

비탈길을 한참 오르면 커다란 물웅덩이가 나타나요. 이곳은 강아지들을 위한 수영장이죠. 마루와 오토는 첨벙첨벙 들어가서 허우적거리며 말 그대로 개헤엄을 칩니다. 마루가 기다란 네 다리를 뽐내면서 우아하게 물속을 누비는 모습은 발레의 한 동작 같아요. 호두는 수영은 딱 질색이에요. 마루와 오토가 열심히 물장구를 칠 동안 할머니 할아버지 옆에 얌전히 앉아서 쉽니다. 호두는 눈빛은 마치 "저런 철부지들! 쯧쯧." 하며 마루와 오토를 바라보는 것 같았어요. 아침 산행 덕분에 할아버지의 입맛은 완전히 돌아왔어요. 가끔씩 "한 그릇 더!"를 외치는 할아버지를 보며 할머니는 한시름 덜었지요.

요즘은 자고 일어나면 주렁주렁 열려 있는 채소들을 처치하는 것이 작은 걱정거리입니다. 인디언 텐트 모양의 지주목을 세운 텃밭에는 가지가 탐스럽게 열렸고, 초여름부터 열리기 시작한 오이도 여전히 열매를 맺고 있습니다. 봄에 파종한 토마토도 잔뜩 열렸어요. 이름도 모르고 심은 여러 종류의 씨앗에서 제각각 개성 있는 모양과 색의 토마토들이 열리기 시작했지요.

"여보! 이리 와서 보석같이 어여쁜 토마토들을 보세요!"

할머니는 탄성을 지르며 다급히 할아버지를 불렀습니다. 빨간색, 파란색, 노란색, 얼룩무늬 등 색깔도 여러 가지인 데다가 울퉁불퉁한 못난이, 체리처럼 작고 귀여운 녀석, 호박처럼 골이 생긴 모양도 있었어요.

"이런 재미난 모양은 처음 보는걸! 맛은 어떨지 궁금하군요."

"조만간 토마토 샐러드를 만들어 먹자고요."

할머니와 할아버지는 자식처럼 애지중지하며 가꾼 결실을 보니 뿌듯합니다. 이런 사정을 아는지 모르는지 강아지들은 요즘 날마다 잔치입니다. 사방에 간식거리가 듬뿍 열려 있으니, 할아버지 감시를 피해서 따 먹는 재미가 그만이었어요. 호두는 작고 달콤한 블루베리를 제일 좋아해요. 하지만

블루베리

호두의 키를 넘는 곳에 달린 열매들은 다 그림의 떡이지요. 문제는 먹보 오토였어요. 심심하면 토마토 밭에 들어가 열매를 한 입 물고선 꿀꺽 삼켜 버렸거든요.

"오토! 열매는 소중히 지켜야지! 그렇게 함부로 먹는 게 아니에요!"

고함을 치며 다가오는 것을 알아채면 얼른 줄행랑을 치는 통에 할아버지는 야단 한 번 제대로 칠 수가 없었어요. 게다가 오토에게 야단은 별로 쓸모가 없었어요. 무엇도 오토의 식탐을 이길 수 없었거든요. 강아지들의 신나는 간식 잔치는 늦여름까지 이어졌어요.

매일 아침 일어나면 또 한 뼘 커 있는 열매들을 수확하는 것은 물론 즐거운 일이지요. 하지만 많은 양을 날마다 먹어 치워야 한다는 것도 숙제였어요.

"여보, 푸성귀가 몸에 좋은 것은 알지만 이제는 뭔가 색다른 것을 먹고 싶어요."

할아버지는 할머니의 눈치를 보며 조심스럽게 요청합니다. 요리는 할머니의 자존심이기 때문에 잘못 말했다가는 불벼락이 떨어질 수도 있어요. 그런데 할머니는 의외로 순순히 대답합니다.

"암요, 우리가 키운 것들이지만 질릴 때도 되었어요. 그래서 오늘 특별히 준비했답니다. 지난번에 바질로 고소한 페스토를 만들어 뒀어요. 요놈으로 파스타를 만들어 보죠. 그동안 먹던 채소도 물론 들어가지만, 오늘은 맛이 색다를 거예요. 기대해도 좋아요."

할머니가 저렇게 장담을 할 땐 믿고 기다리는 수밖에 없어요. 할아버지는 식탁에 앉아 잔뜩 기대를 하며 기다립니다. 이윽고 할머니는 파스타가 풍성하게 담긴 접시를 내려놓고 반짝거리는 눈빛으로 할아버지를 바라봅니다. 어서 맛을 보라는 신호지요. 할아버지는 태어나서 처음 보는 녹색 빛깔의 소스에 조금 불안한 눈빛이었어요.

"이, 이게 도대체 뭐죠?"

"아이참! 일단 한번 맛을 보라고요."

57

할아버지는 주저하듯 포크로 녹색 빛깔의 국수를 돌돌 말고는 토마토를 콕 찍어서 입에 가져갑니다. 혀 안으로 퍼지는 바질 향기에 감탄하고 씹을수록 올라오는 고소한 맛에 놀랍니다.
"음, 음. 아주 맛있군요."
국수를 입 안으로 나르는 포크가 점점 바빠집니다. 할머니는 그런 할아버지를 흐뭇하게 바라보고 나서야 저녁식사를 시작했습니다. 애써 만든 요리를 맛있게 먹어 주는 것만큼 만족스러운 일도 없지요. 아마 오늘도 할아버지는 "한 그릇 더!"를 외칠 것 같습니다.

할머니 요리 수첩

입맛을 돋우는 냉파스타 만들기

재료(4인분 기준)

바질 페스토 100g, 파스타 320g 모차렐라 치즈 200g, 올리브 40g, 방울토마토, 가지, 파프리카 등 갖은 채소 적당량, 바질 잎 20장, 소금, 올리브 오일 각각 1큰술씩

방법

① 냄비에 물을 적당히 채우고 소금 1큰술을 넣은 다음 팔팔 끓여요.

② 끓는 냄비에 올리브 오일 1큰술을 넣고 파스타를 삶아요. 파스타는 너무 익히지 않고 힘이 있을 정도로 삶는 것이 맛이 좋아요.

③ 파스타를 체에 걸러 물기를 건져요. 소금과 후추로 심심할 정도로 간을 한 다음 올리브 오일을 넣고 잘 버무려 줘요.

④ 파스타를 통에 담아 냉장고에 넣어 두어요.

⑤ 면을 식히는 동안 재료를 손질해요. 모차렐라 치즈, 올리브, 토마토, 갖은 야채들을 손가락 한 마디 정도로 썰어요.

⑥ 파스타가 충분히 식으면 손질한 재료들과 바질 페스토를 넣고 잘 버무려 줍니다. 소금과 후추로 간을 조절하면 완성이에요.

도토리 사냥꾼 오토

끝나지 않을 것 같던 무더위가 주춤주춤 뒷걸음질하고 제법 시원한 바람이 정원을 가르는 계절이 돌아왔어요. 아침저녁으로는 제법 쌀쌀해졌고 정원에서 노닐기에는 가장 좋은, 맞아요, 가을이 한창입니다.

어느 평화로운 오후, 나무 그늘 밑에서 낮잠을 즐기던 오토의 콧등에 무엇인가 톡 떨어집니다. 한참 단잠을 즐기던 오토가 화들짝 일어섭니다. 이번에는 앞발 쪽에 후두둑 떨어집니다. 깜짝 놀란 오토는 살짝 뒷걸음질 치며 위쪽을 바라봅니다.

아하! 상수리나무에서 열린 통통한 도토리들이 제 무게를 견디지 못하고 하나둘씩 떨어지고 있었어요. 겁을 먹은 건 잠시뿐, 오토는 이내 바닥에 한가득 떨어진 작은 열매에 관심을 갖기 시작합니다.

무엇이든 일단 입에 넣어 봐야 직성이 풀리는 오토는 도토리를 혓바닥으로 살살 굴려 입에 넣습니다. 씹히는 소리가 '와드득' 경쾌하게 들립니다. 도토리 맛이 생각보다 나쁘지 않았나 봐요. 오토는 그때부터 개미핥기마냥 바닥에 코를 처박고 도토리 사냥에 나섭니다. 오토에게는 정말 신기한 간식이에요. 하늘에서 끊임없이 내려와서 아무리 열심히 먹어도 줄어들지 않으니 말이에요.

한편 저만치 떨어진 나무 데크에서 일광욕을 하던 마루는 이리저리 분주하게 바닥을 훑고 있는 오토를 발견했습니다. 겁도 많고 샘도 많은 마루는 오토가 혼자 재미있는 일을 벌이고 있는 모습을 절대 봐 줄 수 없습니다. 마루는 가을볕을 쬐고 있는 호두 누나에게 같이 가자고 신호를 보내 봅니다. 호두는 귀찮다는 듯 게슴츠레 감은 눈을 슬며시 뜨고 마루가 가리킨 쪽을 바라봅니다. 호두 역시 재미난 일에는 빠질 수 없죠. 막둥이가 뭔가에 골몰하는 모습을 본 호두는 마루에게 대꾸도 하지 않고 오토를 향해 전력 질주를 합니다. 마루도 재빨리 뒤를 쫓아갑니다.

하지만 오토의 놀잇감이 별것 아니라는 것을 알게 된 마루는 심드렁해져서 원래 있던 자리로 발걸음을 옮깁니다. 호두는 잘생긴 도토리를 주둥이로 낚아채더니 저쪽으로 휙 던집니다. 그리고 재빠르게 뛰어 도토리를 앞발로 탁 잡아 다시 이쪽으로 굴려서 보냅니다.

"아유, 마당을 그새 어질러 놨네! 호두! 마루! 오토!"

어느새 마당으로 나온 할머니는 강아지들이 어질러 놓은 도토리 부스러기를 보고 혀를 끌끌 찹니다. 오토는 먹던 도토리를 꿀꺽 삼키고 할머니에게 다가가 꼬리를 살랑거립니다. 먹는 것이 좋긴 하지만 그래도 할머니가 세상에서 제일 좋은 거지요. 할머니는 오토의 머리통을 살살 쓰다듬어 줍니다.

"도토리가 풍년이구나. 풍년도 이런 풍년이 없네."

할머니는 커다란 마대 자루를 펴 놓고 땅에 떨어진 도토리들을 하나둘 주워 담기 시작합니다. 다 똑같은 것 같아도 도토리의 생김새는 가지가지예요. 길쭉하거나, 동글동글하거나, 납작하거나, 삼각뿔 모양이거나……. 할머니는 보석을 만지듯 하나하나 살피며 도토리를 주웠어요.

"이런 속도로 줍다가는 날을 새겠어."

할머니는 뭔가 일을 벌일 듯한 표정입니다.

푸른 하늘은 높이높이 끝을 알 수 없이 펼쳐지고, 정원에 내리꽂히는 가을 햇빛은 눈이 부실 정도였어요. 바람이 기분 좋은 오후, 여전히 상수리나무에서는 도토리가 토도독 떨어지고, 도토리가 가득한 할머니의 마대 자루는 벌써 세 개째입니다. 할머니는 전투라도 벌일 듯 단단히 벼르고 있어요.

"오늘은 도토리 말리기에 더 없이 완벽한 날씨야!"

할머니는 기분 좋은 미소를 지으며 창고에서 커다란 고무 대야를 꺼냈어

요. 그리고 낑낑대며 대야를 끌고 수돗가로 향합니다.

"자, 처음으로 할 일은 도토리 목욕이다!"

우르르르르 우르르르르, 천둥 같은 소리를 내며 도토리들이 쏟아집니다. 낮잠을 자다 화들짝 놀란 마루는 뒤도 안 돌아보고 정원 쪽으로 도망치고, 호두는 짖기 시작합니다. 그런데 오토는? 오토는 여전히 나무 아래서 도토리를 먹느라 여념이 없어요.

도토리 목욕은 도토리가 땅에 떨어졌을 때 붙은 이물질을 없애는 일이에요. 물로 헹구어 깨끗이 비벼 씻기를 세 차례 반복한 다음 커다란 체에 거른답니다. 할머니는 도토리를 씻다 말고 다시 창고로 향합니다. 고무장화에서 나는 딸각딸각 소리가 할머니의 분주한 마음을 더 재촉하는 것 같아요.

"이 사람은 창고 문도 활짝 열어 놓고 어딜 간 거지?"

마침 창고에 들른 할아버지가 어리둥절한 표정으로 문을 닫으려고 합니다.

그러자 할머니가 나타나 손을 훠이 내젓습니다.

"안 돼요! 돗자리 꺼내야 해요!"

"돗자리라고요?"

나뭇잎의 다양한 생김새
이파리만 봐도 알 수 있어요

사람의 지문처럼 나뭇잎도 제각각 특징을 가지고 있어요. 가시처럼 뾰족뾰족한 이파리가 있는가 하면, 부채처럼 넙적한 이파리, 톱니바퀴처럼 생긴 이파리도 있지요. 땅에 떨어진 이파리만 봐도 어떤 나무인지 알 수 있어요.

단풍나무

아기 손 모양처럼 잎이 다섯 갈래 또는 그 이상으로 갈라져 있어요. 끝은 뾰족하고 톱니가 있어요. 가을에 붉게 물들어요.

계수나무

끝이 살짝 뾰족하지만 전체적으로 동글동글해요.
앞면은 초록색이지만 뒷면은 희끗희끗해요. 가을에는 붉게 물들어요.

은행나무

부채꼴 모양의 나뭇잎으로 가운데가 갈라져 있거나 갈라지지 않은 것도 있어요. 가을에는 노랗게 물들어요.

소나무

소나무의 잎은 가늘고 뾰족뾰족한 바늘잎으로, 2개씩 뭉쳐나요.
사계절 푸른색이고, 2년 정도 지나면 떨어져요.

느티나무

둥글고 긴 모양이며 끝은 뾰족해요. 가장자리에는 톱니가 있고,
잎자루가 짧아요. 가을이면 노란색으로 변하다가 갈색으로 물들어요.

서양측백

비늘이 촘촘히 연결된 모양으로 가닥가닥 넓게 퍼져 있어요.
연두색에서 진초록으로 번져 나가는 색을 가지고 있으며, 향기가 나요.

떡갈나무

어른 손바닥보다 큰 잎이에요. 가장자리가 물결 모양이고 끝으로
갈수록 넓게 퍼져 있어요. 잎이 두껍고 뒷면에는 털이 나 있어요

마가목

뾰족하고 기다란 잎이 양쪽으로 번갈아 가면서 나요.
가장자리의 뾰족한 톱니 모양이 말의 이빨과 닮아서 '마가목'이란
이름이 붙었어요. 가을에는 노랗게 변했다가 붉게 물들어요.

호랑가시나무

기다란 육각형 모양의 반달반들한 잎이에요. 잎 모서리에 뾰족한
가시가 난 모양이 마치 호랑이의 발톱 같아 이런 이름이 붙었어요.
색깔은 사계절 푸른색이에요.

"네! 돗자리요! 있는 거 몽땅 다!"

할아버지는 영문도 모른 채 창고 안으로 들어가 돗자리들을 있는 대로 내어 왔어요.

"그런데 여보, 무슨 일이에요?"

할아버지가 묻자 할머니는 숨을 몰아쉬며 대답했어요.

"도토리요! 도토리를 말려야 한다고요."

"아, 도토리!"

할아버지는 할머니와 함께 다시 마당으로 향합니다.

"이렇게 많은 도토리를 어쩌려고요?"

"어머나, 이 도토리들이 맛있는 묵이 되면 모두 누구의 입으로 들어가는지 생각해 보았나요?"

할머니와 할아버지는 볕이 잘 드는 마당 한쪽에 돗자리를 옮겨서 잘 폅니다.

"바람에 날아가지 않게 모서리는 무거운 돌로 눌러요!"

"알았어요! 알았다고요!"

할아버지는 수돗가에서 씻은 도토리들을 냉큼 옮깁니다.

"여기다 부으면 되죠?"

할아버지는 할머니 말을 기다릴 사이도 없이 도토리들을 왁 부어 버립니다. 바닥에 떨어진 도토리들이 사방팔방으로 튀었어요. 어느새 다가온 오토는 바닥에 떨어진 도토리들을 주워 먹기 시작합니다.

"오토야! 이건 안 돼, 저리 가!"

할아버지는 우왕좌왕하면서 할머니의 눈치를 살핍니다.

"여보, 기울여 생각을 해 보면 말이죠, 그렇게 마구잡이로 도토리를 쏟아 부으면 안 된다는 것을 알 텐데요."

"있잖아요, 여보, 내가 도토리묵 먹을 생각에 너무 신이 났나 봐요."

먹을 것에 좀처럼 욕심을 보이지 않는 할아버지가 의외의 말을 하자 할머니는 웃음이 터져 나왔지요. 하지만 할머니는 웃음을 꾹 참고 큰소리를 칩니다.

"돗자리 위로 조심스럽게 굴려 자리를 잘 잡아 봐요."

"그럼요! 그럼요!"

할머니와 할아버지의 노력과 오토의 응원 덕분에 도토리는 오후 햇살을 알알이 받으면서 누워 있게 되었어요.

"이렇게 많은 도토리들이 언제 묵이 되려나?"

할아버지는 허리가 뻐근한지 기지개를 폅니다.

"좋은 볕에 한 달 잘 말려 껍질부터 까야죠."

"껍질 까는 게 보통 일이 아닐 텐데……."

"쉬엄쉬엄 까는 거죠. 까서 또 물에 며칠 불리고, 그걸 빻으면 도토리 가루가 되는 거예요. 당신 좋아하는 탱글탱글한 도토리묵도, 고소한 부침개도 그냥 하늘에서 뚝 떨어지는 것이 아니랍니다."

"물에는 또 왜 불리는 건데요?"

"그냥 가루를 만들면 떫어서 못 먹어요."

"흠, 도토리 묵 하나에 이렇게 손이 많이 가는지 몰랐어요. 앞으론 감사하면서 더 맛있게 먹겠어요."

할아버지가 도토리 한 알을 들고 엄숙하게 말합니다.

"말이나 못하면!"

할머니 요리 수첩

찰랑찰랑 쫀득한 도토리묵 만들기

재료

도토리 가루 1컵, 물 6컵, 참기름 1스푼, 소금 약간
양념장 : 간장 3큰술, 고춧가루 1큰술, 다진 파·양파 1큰술씩,
매실액 4작은술, 참기름·소금·깨소금 약간씩

방법

① 물을 넣은 냄비에 도토리 가루가 뭉치지 않고 술술 잘 풀리도록 체에 한 번 내려 잘 섞어요.

② 강한 불에서 가끔 저어 가면서 끓이다가 빛깔이 조금씩 진해지면 불을 줄이고 잘 저어요.

③ 도토리묵의 점성이 강해지면 참기름과 소금으로 간 한 뒤, 냄비 바닥에 눋지 않도록 쉬지 않고 저어요. 열심히 저어 주면 탱글거리고 쫀득한 묵이 만들어진답니다. 반드시 한 방향을 저어 주세요.

④ 뜨거운 반죽이 보글거리면서 튀니까 데지 않도록 조심하세요. 주걱에 묻은 도토리묵이 떨어지지 않을 정도로 되직해지면 불을 끄고 2~3분 정도 뜸을 들여요.

⑤ 납작한 그릇에 도토리묵을 부어요. 알뜰 주걱으로 냄비에 붙은 것까지 싹싹 긁어요.

⑥ 6~7시간 식히면서 굳히면 고소한 도토리묵이 돼요.

⑦ 양념장 재료를 준비해 잘 섞어요. 먹기 좋은 크기로 자른 도토리묵에 끼얹어 먹거나, 찍어 먹어도 좋아요.

"여보! 이리 좀 나와 봐요!"

이른 아침부터 마당을 쓸러 나온 할아버지가 벌써 몇 번째 할머니를 다급하게 불렀어요. 강아지 세 마리는 그 소리를 듣고 이미 달려 나와서 할아버지 주위를 빙빙 돌고 있었어요. 콧김이 나올 정도로 시린 아침이지만 아랑곳하지 않았지요.

"아침 댓바람부터 왜 그래요? 무슨 일 났어요?"

잠옷 위에 겉옷을 걸친 할머니가 아직 잠이 덜 깬 눈을 비비며 나옵니다.

"이것 봐요! 새벽에만 볼 수 있는 풍경이라니까요!"

"서리가 내렸네! 풀마다 수정이 열린 것 같아요!"

아름다운 광경에 잠이 번쩍 깬 할머니가 박수를 칩니다.

노란 빛이 감도는 늦가을 아침 정원에 찬 서리가 내렸어요. 간밤에 기온이 뚝 떨어지더니 풀포기마다, 바닥에 내려앉은 낙엽마다, 나뭇가지마다 영롱한 작은 얼음 구슬이 대롱대롱 매달려 빛나요.

"이렇게 예쁘게 내린 건 몇 년 만이죠?"

"그러네요……. 그건 그렇고 난 좀 더 자야겠어요."

할머니는 다시 커다랗게 하품을 하더니 집 안으로 들어가 버립니다.

할아버지는 입을 살짝 삐죽거립니다.

"돈을 주고도 사지 못하는 멋진 광경을 두고 잠이라니! 낭만이 없어."

실망도 잠시 이런저런 걱정들이 몰려오기 시작합니다.
'작년보다 따뜻한 가을이라 조금 방심했어. 추워지기 전에 대비를 해야겠네. 아이고야. 이놈의 정원 일은 끝이 없단 말이야!'
할아버지가 싸리비질을 하는 동안 강아지들은 밤사이 떨어진 낙엽 위를 질주합니다. 간밤에 겹겹이 쌓인 빨갛고 노란 낙엽들은 푹신푹신하고 바스락거리기까지 해서 강아지들에게는 재미난 놀이터가 되었지요. 호두는 낙엽 위를 온몸으로 데굴데굴 구릅니다. 낙엽을 온통 뒤집어쓴 호두는 마치 나뭇잎으로 만든 옷을 입은 것 같아요. 오토는 땅 밑에 간식이라도 숨겨 놓은 양 낙엽 무더기를 파헤칩니다. 할아버지는 기껏 쓸어 모은 낙엽 더미가

다시 엉망진창이 된 것도 눈치채지 못한 채 웅얼거립니다.

"나무 기둥을 볏짚으로 감싸 줘야 하고, 또 뭐가 있더라. 아! 냉해를 입기 쉬는 것들 역시 보양을 해 줘야겠지."

할아버지는 빗자루를 내팽개치고 집 서재로 향합니다. 책상에 경건히 앉아 수첩과 펜을 집어 들더니, 커다랗게 제목을 쓴 다음 리스트를 꼼꼼하게 적어 나갑니다.

생각한 것들을 써 내려가면서 할아버지는 얼마 전에 수확해 놓은 과일들을 떠올립니다.

'아내가 알아서 하겠지? 하지만 요즘 뭐든 깜빡깜빡해서 믿을 수가 있어야지. 아무래도 알려 주는 게 좋겠어. 쇠뿔도 단김에 빼라고 당장 알려 줘야겠군!'

할아버지는 벌떡 일어나 침실로 성큼성큼 걸어갑니다. 서리 구경을 마치고 잠자리로 되돌아온 할머니는 아기처럼 쌕쌕거리며 잠을 자고 있었어요.

"여보, 저번에 따 놓은 사과들 있잖아요! 그거 우리가 겨우내 먹기에는 양이 많은데, 뭐 좋은 방법이 없을까?"

할아버지는 할머니의 팔을 살며시 흔들며 잠을 깨웁니다.

"뭐라고요?"

아침 단잠을 벌써 두 번이나 깬 할머니는

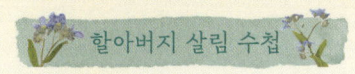

나무들을 위한 월동 준비

겨울잠을 자는 곰처럼, 정원의 나무들도 겨울 날 준비가 필요하답니다. 제대로 겨울을 난 나무는 그 다음 해 더 아름답게 새싹을 피워 내요.

① 추운 겨울에는 나무들도 옷을 입어요. 볏짚을 넉넉하게 준비해서 옷을 입혀요. 특히 신경 써야 할 나무는 그해 심은 어린나무, 감나무·배나무·블루베리 같은 과실수, 꽃이 피는 장미·목련·안개나무 등이에요.

② 굵은 가지는 추위가 오기 전에 가위로 잘라야 눈이 내려도 상하지 않아요. 하지만 어린나무는 되도록 그대로 두는 것이 좋아요.

③ 수선화, 크로커스 등 알뿌리 식물은 캐내어 상자에 넣고 흙으로 덮어 따로 보관해요. 날씨가 따뜻해지는 다음해 봄에 다시 심어요.

④ 수크령, 억새 등은 밑동을 자르고 그 위에 낙엽을 덮어 줘요. 그 위에 다시 볏짚을 이불처럼 덮어 주면 좋아요.

⑤ 낮은 온도 때문에 야외 수도나 계량기가 터질 수 있어요. 주변을 솜이나 수건, 스티로폼 등으로 꼼꼼히 감싸고 겨울 동안 사용하지 않아요.

조금 짜증이 났어요.

"사과가 좀 많아야지. 감도 한가득이고. 뭐라도 수를 써야 하지 않아요?"

"지금 내 아침잠보다 사과가 더 중요하다는 거죠?"

할머니 목소리가 조금 높아집니다.

할아버지는 그제야 자신이 조급했다는 사실을 깨닫습니다.

"어이쿠, 미안해요. 내가 좀 서둘렀네요. 어서 더 자요."

할아버지는 슬며시 일어나 살금살금 나가려고 합니다.

"됐어요! 이미 잠도 다 달아났다고요."

할머니는 두 팔을 쭉 뻗어 기지개를 폅니다.

계획한 것은 바로 실천해야 직성이 풀리는 할아버지는 아침 식사 후 바로 월동 준비에 나섰습니다. 그런데, 이런! 아침내 쓸어 놓은 마당이 이리저리 뒹구는 낙엽들로 엉망인 것을 그제야 발견했습니다. 할아버지를 따라 나선 오토가 꼬리를 흔듭니다.

"네 녀석들이구나! 마당을 이렇게 어질러 놓으면 되겠어?"

할아버지가 화가 났다는 걸 아는지 모르는지 오토는 다시 낙엽 더미를 향해 질주합니다.

"이미 어질러 진 거 오늘은 실컷 놀게 놔둬요. 낙엽이 가득한 정원도 나쁘지 않은걸요."

할머니는 주방 창을 통해 할아버지에게 소리칩니다.

"당신은 강아지들한테 너무 오냐오냐한다고요!"

"흥, 당신은 너무 엄격하고요! 저 고집불통을 누가 말려!"

오늘은 뭔가 삐걱거리는 날인가 봅니다. 할아버지는 못 들은 체하며 화난 걸음으로 성큼성큼 정원을 향합니다. 낙엽 위에서 뒹굴던 오토는 할아버지를 따라가다 한마디 듣습니다.

"오토! 따라오지 말고 뭘 잘못했는지 가서 반성해!"

할아버지의 큰소리에도 오토는 아랑곳 않고 할아버지를 쫄래쫄래 뒤쫓아 갑니다.

"어이구, 오토야. 야단만 치는 할아버지가 뭐가 좋다고 따라가냐."

할머니는 혀를 끌끌 찹니다.

'맞아, 우리 강아지들이 너무 천방지축이긴 해.'

할머니는 강아지들이 귀여워서 잘못을 해도 늘 봐주곤 합니다. 혼을 낼 때 세 마리의 반응은 제각각입니다. 호두는 혼나는 걸 아는지 모르는지 저 하고 싶은 것만 하는 아이예요. 강하게 야단을 쳐도, 부드럽게 얼러도 통하지 않지요. 그나마 혼날 일을 자주 하지 않으니 다행이라고 할까요.

겁이 많은 마루는 호두나 오토가 혼나고 있을 때도 마치 자신이 혼나는 양 벌벌 떨고 숨어 버린답니다. 심지어 할아버지가 기다란 막대기나 책을 휘두르는 모습만 봐도 겁을 먹고 탁자 밑에 숨어 버리기 일쑤입니다. 그럴 때마다 할아버지는 "저런 못난 녀석." 하며 탄식을 하죠.

오토는 야단을 맞을 때면 깊이 반성하는 표정으로 시무룩한 척하다가도 바로 커다란 몸뚱이로 애교를 피우면서 파고듭니다. 할머니는 그 사랑스러운 모습에 살살 녹을 수밖에요. 이런 이유들로 할머니는 강아지들에게 꼼짝 못하는 신세지요. 그러니 강아지들이 뭔가 잘못할 때마다 잔소리를 하

할머니 요리 수첩
새콤달콤한 사과잼 만들기

재료

사과 2개(300g), 설탕 1컵(150g), 물 1컵(200ml), 레몬즙·계핏가루 약간씩

방법

① 사과는 흐르는 물에 깨끗이 씻은 다음 칼로 껍질을 벗기고 중간의 씨를 없애요.

② 손질한 사과는 적당하게 다져요.

③ 사과를 공기 중에 오래 두면 갈색으로 변해요. 맛은 그대로지만 보기 좋게 만들려면 설탕물에 넣어 두면 좋아요.

④ 물 1컵이 담긴 냄비에 사과를 넣고 모양이 으깨질 정도가 될 때까지 잘 저어 주며 끓여요.

⑤ 물이 자작해지면 설탕을 넣고 다시 한 번 저어 가며 끓여 주세요.

⑥ 입맛에 따라 레몬즙이나 계피 가루를 넣고 끓이면 맛이 더 좋아져요.

⑦ 물기가 없는 소독한 유리병에 잼을 넣으면 완성입니다.

⑧ 식빵이나 크루아상과 함께 먹으면 잘 어울려요.

는 건 할아버지입니다. 할머니도 이 사실은 인정할 수밖에 없답니다.

'그래, 인정할 것은 인정해야지. 마음 풀고 맛있는 사과잼을 만들자!'

할머니는 집 뒤쪽에 있는 창고에서 한 광주리 가득 사과를 담습니다.

"보기보다 무겁군."

두 손에 광주리를 들고 끙끙거리며 집으로 들어가는데 할아버지와 마주쳤어요. 잠시 어색한 정적이 흐릅니다. 할아버지를 따르던 오토만 할머니를 보고 반갑다고 인사합니다.

"저기……."

할아버지가 머뭇거리며 말을 꺼냅니다.

"아까는 내가 말이 심했어요."

할머니가 선수를 치자 할아버지 얼굴이 조금 밝아졌어요.

"내가 강아지들한테 좀 엄한 것은 맞지만, 귀찮아서 그런 건 절대로 아니라고요."

할머니는 고개를 끄덕거립니다.

"알죠, 알아요. 그걸 왜 모르겠어요."

할머니는 할아버지와 눈을 맞춥니다.

"사과잼 만들 건데 좀 도와줄래요? 너무 많아서 손질하는 데 시간이 좀 걸리겠네요."

"그럼! 물론이고말고요!"

할아버지는 할머니가 든 사과가 든 광주리를 뺏다시피 들고선 신이 나서 앞장섭니다. 무거웠던 마음이 가벼워지고 훨훨 나는 것 같습니다. 같은 마음인 할머니 역시 빙그레 웃으며 뒤따릅니다.

"이거 이거, 큰일 났군."

할아버지는 창밖을 바라보며 중얼거립니다. 할머니는 항상 앉는 벽난로 옆 안락의자에 앉아 뜨개질에 여념이 없습니다.

"무슨 일이라도 났나요?"

할머니는 하던 일에 눈을 떼지 않고 묻습니다. 할아버지 역시 여전히 창밖을 바라보고 있습니다.

"눈 말이에요. 하루 이틀 내릴 것 같지 않은데."

내렸는지 말았는지 신통치 않던 첫눈에 보상이라도 하듯 그제 오후부터 내리기 시작한 함박눈은 그칠 줄을 모르고 펑펑 내리고 있습니다. 가을 낙엽이 깔리고 가을볕이 내리쬐던 정원은 눈송이로 뒤덮여 어디가 하늘이고 어디가 땅인지 경계를 모를 별천지로 바뀌었어요.

할아버지는 새벽에 일어나서 얼은 손을 호호 불며 눈을 쓸었지만 이제는 눈 내리는 속도와 양을 감당하지 못하고 포기 상태입니다.

"오늘 아침 나가 보니 눈이 내 종아리 반 정도까지 쌓였더라고요. 이러다가는 집이 고립되고 말 텐데."

"무슨 걱정이에요. 나갈 일도 없고 겨울 준비는 든든하게 해 놨는데! 그리고 큰길은 이미 구청에서 나와서 다 쓸고 내려갔을 거예요."

할머니는 별일 아니라는 듯 뜨개질하는 손놀림만 잽니다.

"당신은 천하태평이군요. 세상 걱정거리라는 것이 당신에게는 없어 보여 부러워요. 그런데 지금 뭘 짜고 있는 거죠?"

할아버지는 잔뜩 기대가 들어간 눈빛으로 파란색 빛깔의 실뭉치를 바라봅니다.

"호두 옷이에요. 녀석이 덩치가 작아서 그런지 찬바람만 불면 오들오들 떠는 게 불쌍해서 볼 수가 없다니까요. 호두한테는 이 파란색이 잘 어울릴 거예요. 그리고, 천하태평이라니요! 걱정이 없다니요! 겨울에 할 일이 얼마나 많은지 당신도 잘 알지요? 자, 일단 저길 보세요."

할머니는 턱을 들어 찬장 앞 탁자를 가리킵니다.

탁자 위에는 푸르른 측백나무 잎이 풍성하게 달린 가지, 말린 솔방울과 솔가지, 윤기 나고 힘 있는 사철나무 잎과 동글동글하고 빨간 산사나무 열매가 놓여 있어요.

"올해도 어김없이 리스인가 뭔가를 만드는군요. 크게 쓸데도 없는데…… 우리가 특별히 파티를 하는 것도 아니고. 당신 일부러 일을 만드는 거 아닌가요?"

"쓸데가 없다니요? 나무를 보양하거나 비료를 뿌려 주는 것만이 겨울맞이가 아니에요. 이렇게 떨어지고 말린 식물도 꾸미고 장식해서 쓸모가 있다는 걸 보여 주는 것도 겨울과 식물에 대한 예의라고요!"

매번 할머니에게 지는 것 같은 기분은 왜일까요. 슬며시 분통이 터지지만 할아버지는 꾹 참습니다. 할머니에게 말로 못 당해서인지, 할머니가 짜는 것이 할아버지의 스웨터가 아니라서인지 잘 모르겠지만 말이에요.

"아, 알았어요! 흠흠, 이제 강아지들 좀 들어오라고 할까요?"

새하얀 세상을 보고 세 마리가 어찌나 요란하게 짖어 대는지 할머니 할아버지는 강아지들을 내보낼 수밖에 없었어요. 벌서 삼십 분째 눈밭을 탐험하느라 정신이 없는 강아지들은 집으로 들어올 기미가 보이지 않아요.

호두는 자기 키만큼 쌓인 눈을 앞발로 헤치면서 땅굴을 파기 시작했어요. 굴삭기 부럽지 않은 속도로 땅을 파더니 어디로 사라졌는지 보이질 않아요. 아하, 눈밭 위에 꼬불꼬불 길을 만들고선 그 끝에서 호두는 여전히 머리만 보인 채 앞발을 놀리고 있습니다.

기다랗고 우아한 네 다리를 자랑하는 마루는 도화지같이 새하얀 눈 위에 발 도장을 찍는 게 재미있는지 네 발을 콩콩 찢으며 사방팔방 뛰어다니고 있습니다.

오토는 뜀박질을 하다 말고 헉헉거리다 우연히 눈 맛을 보고는 깜짝 놀랐

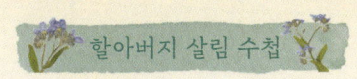

크리스마스 리스 만들기

크리스마스를 기다리며 설레는 12월. 리스를 만들어 현관문에 멋지게 걸어 볼까요?

준비물
리스 틀, 측백나무 가지 또는 사철나무 가지, 솔방울, 구상나무 열매, 크리스마스 장식 구슬, 지철사, 글루건

① 리스 틀을 두고 측백나무 가지를 한 방향으로 돌려가며 모양을 잡아요. 측백나무 이파리를 사이사이에 넣어 장식해요. 이때 이파리 한 움큼을 리스틀에 지철사로 돌려 고정하고, 또 한 움큼을 겹치는 방법으로 이어 가면 리스틀이 보이지 않아요.

② 나뭇잎 사이사이에 글루건을 사용해 솔방울, 구상나무 빨간 열매들, 구슬들을 고정하여 장식해요.

③ 현관이나 방문 앞에 예쁘게 장식하여 겨울 내내 볼 수 있어요.

습니다. 이 시원한 아이스크림을 여태 몰랐다니! 억울한 마음 반, 즐거운 마음 반입니다. 오토는 입에 진공청소기를 단 것처럼 눈을 퍼먹고 있습니다. 이렇게 정원은 사계절 내내 강아지 삼 남매의 가장 신나고 재미난 놀이터지요.

"어디 있나요, 여보?"

할머니가 리스 만들기에 빠져 있던 동안 할아버지가 사라졌어요. 옷장 안에도 욕실에도 할아버지는 보이지 않았어요.

"이 사람이 어딜 갔담?"

늦은 오후, 짧은 겨울 해가 지고 바깥은 이미 어둑어둑해졌습니다. 한바탕 신나게 놀고 난 강아지들은 벽난로 앞에서 단잠을 자고 있어요. 벽난로에서는 잘 말린 가지들이 타닥타닥 잘 타고 있는 중이에요.

"만들어 놓으니 정말 근사한걸!"

현관 쪽에서 할아버지의 목소리가 들립니다. 할머니는 한달음에 달려갑니다.

"아니 눈도 오는데 어딜 갔다 오는 거예요?"

"아 그게 좀, 볼일이……. 그건 그렇고, 벌써 리스를 만든 거예요? 당신 손재주는 알아줘야 한다니깐."

할머니는 그게 문제가 아닙니다.

"내 솜씨 좋은 것이 하루 이틀 일인가요? 그것보다 당신, 이리 좀 빨리 와 봐요!"

할머니는 할아버지의 소맷부리를 잡고 거실로 이끕니다.

"왜요? 왜요?"

할머니는 할아버지를 거실 가운데로 이끌고 의자에 놓여 있던 에메랄드 그린 색의 스웨터를 몸통에 대 보입니다.

"오호호, 역시 내 눈대중이 틀리지는 않았네. 이거 한번 입어 봐요."

할아버지는 할머니의 부산스러운 행동에 얼떨떨합니다.

"이게 뭔가요?"

"뭐긴 뭐예요. 내가 손수 짠 스웨터지요."

할머니는 함박웃음을 지으며 스웨터를 건넵니다. 할아버지의 입꼬리가 힘껏 하늘을 향했어요.

"호두 옷을 짜고 있던 것 아닌가요? 이런, 색깔이 딱 내 마음에 드는걸!"

"이 스웨터는 이미 짜 놓았죠. 당신 모르게 완성하느라고 얼마나 힘들었는지 첩보 작전이 따로 없었다니까요."

할아버지는 신이 나서 스웨터를 입어 봅니다. 보들보들 따스한 것이 몸에 딱 맞아요.

"어때요? 한 십 년은 젊어 보이는 것 같지 않아요?"

할아버지는 새 옷을 입고 이리 빙글 저리 빙글 몸을 움직여 봅니다. 좋아하는 할아버지를 보니 할머니도 뿌듯합니다.

"참, 나도 당신에게 줄 게 있지요!"

할아버지는 양손으로 할머니의 눈을 가리더니 어디론가 데리고 갑니다.

"아이고, 이게 뭐예요!"

"쉿! 아무 말 하지 말고 따라와 봐요!"

뒤뚱뒤뚱 몇 걸음을 걸어 온 곳은 정원이 잘 보이는 주방 창가입니다.
"짜잔!"
가렸던 눈을 풀어 주며 할아버지는 어깨를 으쓱입니다.
"어머나 세상에! 당신! 정말 상상도 못했어요!"
창가에 놓인 전나무에는 은하수를 흩뿌려 놓은 듯한 작은 전구들이 깜빡이고 있었어요.
"이걸 언제 다 준비했어요?"
할머니의 눈시울이 붉어집니다.
"나도 당신 모르게 완성하느라고 얼마나 힘들었는지, 첩보 작전이 따로 없었지요."
할아버지는 할머니의 눈가를 훔쳐 줍니다.
"일 년은 참 긴 것 같은데, 하루는 참 짧아요. 신기하기도 하지!"
크리스마스트리가 잘 보이는 식탁에서 부부는 오붓하게 차를 마셨어요.
"오! 향이 참 좋네요. 유자차인가요?"
할아버지는 상큼하고 그윽한 향을 음미합니다.
"지난번에 누가 유자랑 모과를 선물로 보냈기에 청을 좀 만들어 놨어요."

달달하니 기운이 나죠?"

할머니도 한 모금 홀짝 마십니다.

"그래요. 하루의 피로가 확 풀리는 것 같아요."

할아버지는 기지개를 쭉 폈어요.

"올해도 다 갔군요."

"올해도 다 갔어요."

"일 년 동안 수고 많으셨어요, 당신."

"일 년 동안 수고 많으셨어요, 당신도."

부부는 서로에게 꾸벅 인사를 합니다.

"내년은 또 어떤 꽃을 피울까 기대가 돼요."

"내년은 올해와 같지만 또 다르겠지요."

도란도란, 부부의 이야기는 밤이 새도록 이어집니다.

할머니와 할아버지, 그리고 세 마리 강아지들은 언제나 거기서, 하루하루를 정원과 더불어 살아갈 거예요. 여러분, 혹시 삼부골을 지나게 되면 한번 찾아보세요. 할머니와 할아버지가 아웅다웅 정답게 정원을 가꾸고 있는 집이 어딘지. 세 마리의 강아지가 지칠 줄 모르고 놀고 있는 푸른 정원을 발견한다면 망설이지 말고, 꼭 한번 놀러 오세요.

호두네 정원에 놀러 오세요

정원에 관한 이야기를 쓰기 시작한 것이 벌써 오래전입니다. 내가 몸담고 있는 곳의 사계절 이야기를 나누고 싶어 호기롭게 덤벼든 일이 이렇게 길어질 줄 몰랐습니다.

봄마다 기특하게 봉오리를 늘려 가며 피어나는 수선화, 크로커스를 비롯한 다양한 구근류, 해마다 감탄하며 바라보게 만드는 신비로운 빛깔의 안개나무, 가을이면 어김없이 '톡토도독' 리듬을 타고 떨어지는 도토리들 그리고 무엇보다 그 정원 안을 천방지축 뛰노는 호두, 마루, 오토……. 이렇게 소소하지만 반짝이는 것들을 다른 이들과 나누고 싶었습니다.

글을 쓰고 검토하고 고쳐 쓰고, 그림이 그려지며 책이 꾸며지는 동안 몇 번의 계절이 오고 가면서 정원에도 많은 변화가 있었습니다. 2년 전 초여름 오토는 갑작스레 '무지개 다리'를 건넜습니다. 착한 눈망울을 가진 오토는 느긋하고, 먹성이 좋고, 기분 좋을 땐 애교가 넘치던 강아지였어요. 우리에게는 언제나 '착하고 잘생긴 오토'였지요.

남은 호두와 마루는 씩씩하게 살아가고 있답니다. 호두는 이제 할머니가 되어서 이도 좀 빠지고 가끔씩 병원 신세를 지긴 하지만 여전히 축구를 좋아하

실제 배경인 과천 마이알레의 정원.
일년 내내 많은 사람들이 찾고 있어요.

고, 호스도 좋아합니다. 밥을 너무 잘 먹어서 탈이에요. 마루는 놀이 상대였던 오토의 빈자리를 느끼는 것처럼 보입니다. 무엇보다 호두와 마루 모두 애교가 많아졌어요. 개들은 나이를 먹을수록 애교가 많아지나 봐요. 정원은 좀 더 많은 나무와 꽃들로 채워지고, 더 많은 사람들이 와서 보고 즐기는 곳이 되었습니다. 참, 커다랗고 긴 온실도 생겼어요. 더 이상 '비밀의 정원'이 아닌 점은 조금 아쉽지만, 많은 사람들이 좋아하는 곳이 되어 뿌듯하기도 해요.

이 책의 주인공인 호두, 마루, 오토

책이 나오기까지 많은 분들의 도움이 있었습니다. 나의 생각이 책이 될 수 있도록 이끌고 그림을 그려 주신 레지나 작가님께 감사드립니다. 여러 가지 일을 조율하고 마무리한 편집자와 디자이너도 고생이 많았습니다. 나와 함께 일하는 디자인알레 동료들의 날카로운 의견도 감사했습니다. 특히 나의 26년 지기 애조는 후반부 까다로운 리터칭 작업을 도와주었어요.

더불어 이 정원의 실질적 주인이자 할머니, 할아버지의 모델이 되어 주신 우경미 사장님, 김철주 교수님께 감사드립니다. 물론 캐릭터는 조금씩 다르지만 정원을 사랑하는 그 마음만큼은 이야기 속 주인공과 다를 게 없다고 생각합니다(앗, 외모는 많이 닮아 보이네요).

하루하루 정원의 모습은 달라집니다. 정원 한쪽에 새로 길을 낼까, 길을 낸다면 어떻게 낼까, 어떤 소재를 사용할까, 오늘도 우리들은 고민도 많고 의견도 많답니다. 곧 장마가 닥치니 준비를 철저히 해야겠지요. 계절을 바꿔 가며 찾아오면 더욱 아름다운 이곳, 언제나 강아지들이 반겨 주는 호두네 정원에 놀러 오세요!

2019년 초여름, 마이알레 정원에서

 **지은이 이보림**

개를 좋아하고, 만들기를 좋아하고, 글쓰기도 좋아해요. 참 풀밭에서 자는 낮잠도 좋아해요. 글을 쓰는 직업을 가진 적이 있지만 책을 직접 쓴 것은 처음이에요. 2011년 정원이 있는 회사에 들어와서 잘 모르던 풀과 나무들의 이름을 지금까지도 알아 가는 중이에요.

 **그린이 레지나**

한국에서 섬유예술을 공부하고 이탈리아에서 일러스트레이션을 공부한 다음, 그곳에서 학생들을 가르쳤어요. 그린 책으로 《별소년》《바로 너야》《야호, 우리가 해냈어》《왕의 빵을 드립니다》《봄 숲 봄바람 소리》《바늘땀 세계여행》 등이 있으며, 《이야기 기다리던 이야기》를 우리말로 옮겼어요.

호두네 정원

ⓒ 이보림, 레지나 2019
1쇄 발행 2019년 7월 29일

지은이 이보림 | **그린이** 레지나
펴낸이 이상훈 | **편집인** 김수영
본부장 정진항 | **기획편집** 염미희 최윤희
디자인 민트플라츠 송지연
마케팅 조재성 천용호 박신영 조은별 노유리
경영지원 이해돈 정혜진 이송이

펴낸곳 한겨레출판(주) www.hanibook.co.kr
출판등록 2006년 1월 4일 제313-2006-00003호
주소 서울시 마포구 창전로 70 화수목빌딩
전화 02-6383-1602~3 | **팩스** 02-6383-1610
이메일 child@hanibook.co.kr

ISBN 979-11-6040-267-4 73800

· 값은 뒤표지에 있습니다.
· 이 책의 일부 또는 전부를 재사용하려면 반드시 저작권자와 한겨레출판(주) 양측의 동의를 얻어야 합니다.
· KC마크는 이 제품이 공통안전기준에 적합하였음을 의미합니다.
⚠ 책 모서리에 다치지 않게 주의하세요.